趣味热身

浴巾

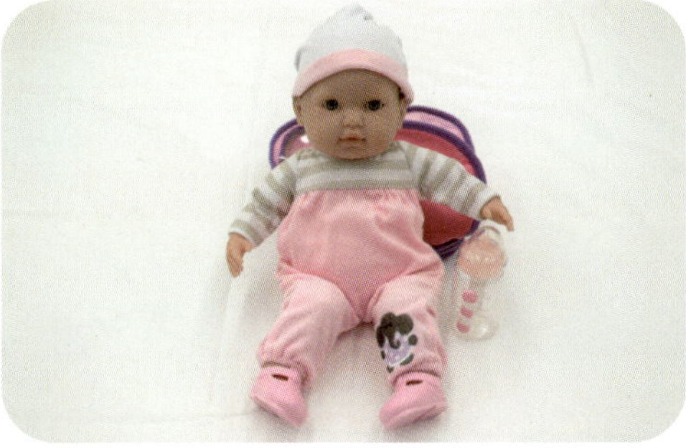

玩具娃娃

亲子游戏

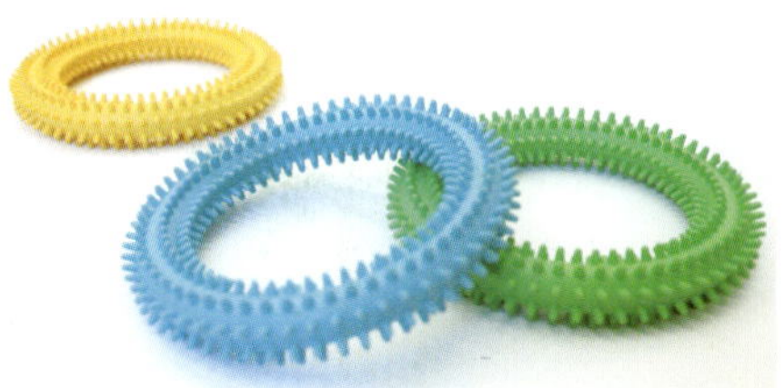

小型软质扭扭圈

（第 1、第 13、第 14 周使用）

太阳花软垫

（第 2 周使用）

亲子游戏

彩色纱巾球

（第 2 周使用）

乌龟手偶

（第 3 周使用）

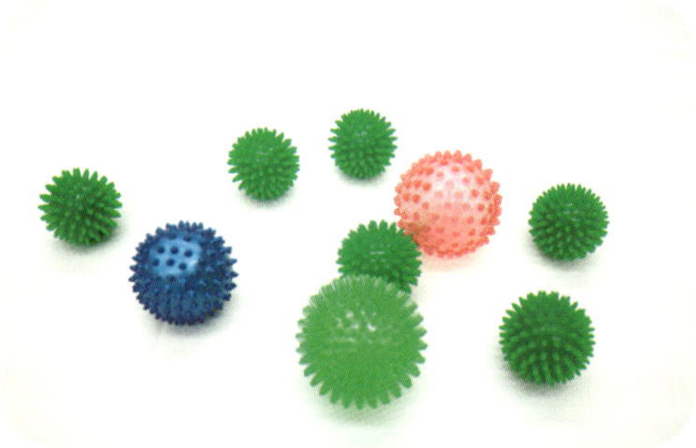

按摩刺球

（第 3、第 4、第 5 周使用）

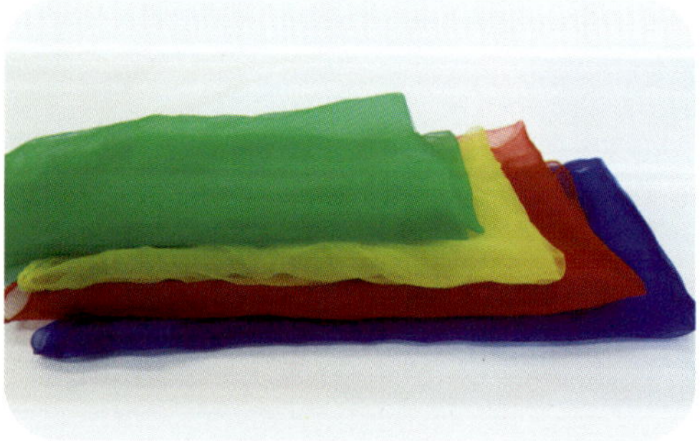

彩色纱巾

（第 4、第 5、第 13、第 14 周使用）

彩虹绳

（第 5 周使用）

彩虹伞

（第 6、第 8、第 18 周使用）

串铃

（第 6、第 15 周使用）

铃鼓

（第 7、第 9、第 11 周使用）

亲子游戏

沙蛋

（第 10 周使用）

荧光球

（第 12 周使用）

手电筒

（第 12 周使用）

毛毛虫玩偶

（第 16 周使用）

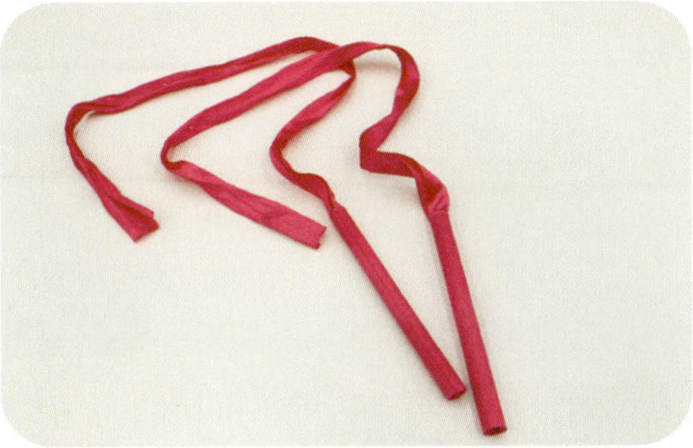

丝带棒

（第 16 周使用）

神秘袋

（第 17 周使用）

铃铛

（第 18 周使用）

动物卡片

（第 20 周使用）

探索发现

雨声器

（第 1 周使用）

颜色分类盒

（第 2、第 3 周使用）

触觉游戏盒

（第 4 周使用）

形状配对绕珠

（第 5 周使用）

捕鱼袋

（第 6 周使用）

彩虹伞

（第 6 周使用）

昆虫瓶

（第 7 周使用）

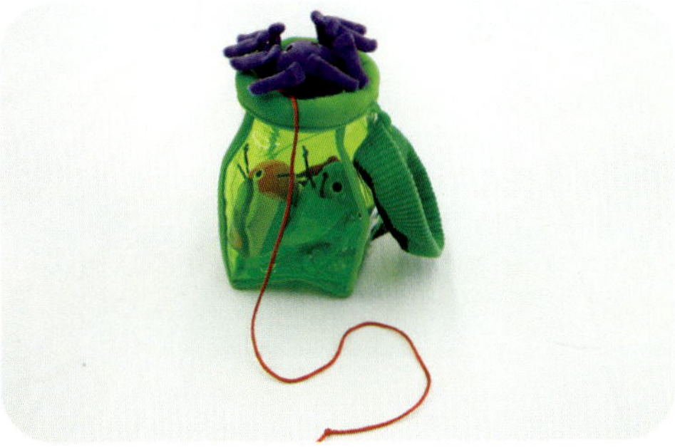

带绳昆虫模型

（第 8 周使用）

探索发现

斑马风琴

（第 9 周使用）

手电筒

（第 10、第 11 周使用）

荧光球

（第 11 周使用）

纸巾盒、纱巾

（第 12 周使用）

青蛙捕手

（第 13 周使用）

抽屉盒

（第 14 周使用）

套环

（第 15 周使用）

神秘袋

（第 16 周使用）

探索发现

七彩滚动镜

（第 17 周使用）

敲房子

（第 18 周使用）

钢片琴

（第 19 周使用）

塑料瓶

（第 20 周使用）

A3画纸

（第 20 周使用）

运动时光

帕得烈爬行训练套装

（第 1 周使用）

触觉爬行软垫

（第 1、第 3、第 4、第 5 周使用）

运动时光

七彩滚动镜

（第 2 周使用）

雨声器

（第 3 周使用）

软质篮球

（第 5 周使用）

大圆球

（第 6 周使用）

内有垫布的大陀螺

（第 7、第 8、第 9 周使用）

森林派对

（第 10、第 11 周使用）

彩虹接龙

（第 11 周使用）

步行运动组

（第 12、第 17、第 18 周使用）

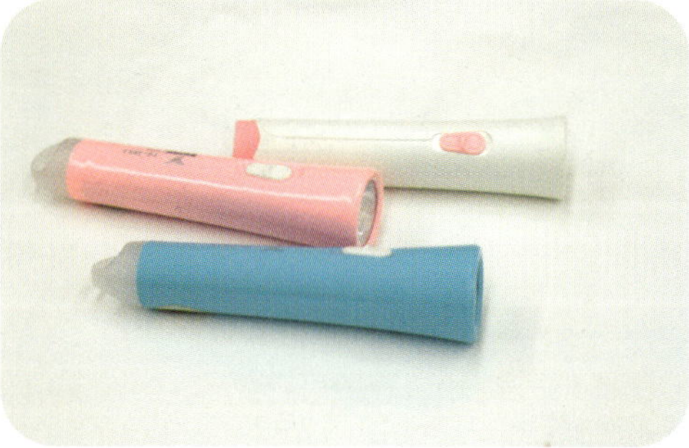

手电筒

（第 12 周使用）

大龙球

（第 13 周使用）

西瓜球

（第 14 周使用）

拱形门

（第 14 周使用）

球筐

（第 15 周使用）

彩色液体方砖

（第 16、第 18、第 19 周使用）

触觉圆盘

（第 16、第 19 周使用）

荷叶垫

（第 19 周使用）

运动时光

大象套圈

（第 20 周使用）

舒缓放松

内有垫布的大陀螺

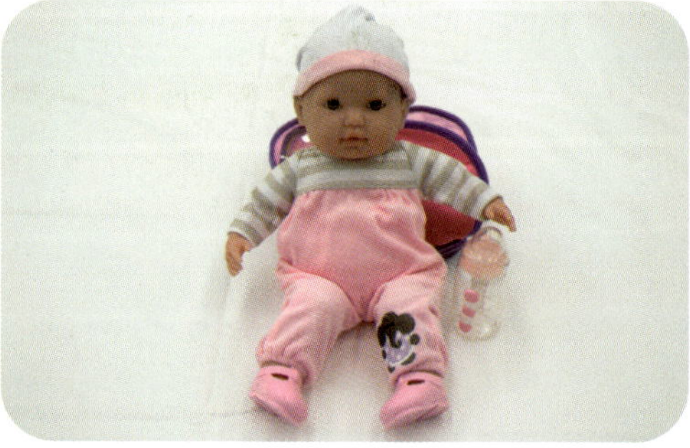

玩具娃娃

北京师范大学实验幼儿园
早期教育课程方案·亲子课程

7—12个月

北京师范大学实验幼儿园◎主编

北京师范大学出版集团
BEIJING NORMAL UNIVERSITY PUBLISHING GROUP
北京师范大学出版社

图书在版编目（CIP）数据

北京师范大学实验幼儿园早期教育课程方案・亲子课程. 7—12个月 / 北京师范大学实验幼儿园主编. — 北京：北京师范大学出版社，2022.6（2024.1重印）
（0—3岁托育课程资源）
ISBN 978-7-303-27475-8

Ⅰ. ①北… Ⅱ. ①北… Ⅲ. ①学前教育－教学参考资料 Ⅳ. ①G613

中国版本图书馆CIP数据核字（2021）第241026号

官方客服电话 010－58806806
营销中心电话 010－58801759

BEIJING SHIFAN DAXUE SHIYAN YOU'ERYUAN ZAOQI JIAOYU KECHENG FANG'AN・QINZI KECHENG. 7—12 GE YUE

出版发行：北京师范大学出版社 www.bnupg.com
北京市西城区新街口外大街12-3号
邮政编码：100088
印 刷：北京同文印刷有限责任公司
经 销：全国新华书店
开 本：787mm×1092mm 1/16
印 张：11.5
插 页：8
字 数：190千字
版 次：2022年6月第1版
印 次：2024年1月第2次印刷
定 价：35.00元

策划编辑：郭 放 郭思达 责任编辑：刘 畅
美术编辑：袁 麟 装帧设计：李尘工作室 思梵星尚
责任校对：陈 民 责任印制：乔 宇

版权所有 侵权必究

反盗版、侵权举报电话：010－58800697
北京读者服务部电话：010－58808104
外埠邮购电话：010－58808083
本书如有印装质量问题，请与印制管理部联系调换。
印制管理部电话：010－58806648

编 委 会

编委会主任： 黄　珊

编委会副主任： 杜　军　董佑静

主　　编： 董佑静

副 主 编： 马　超

编　　委： 卢艳美　彭　倩　孔凤霞　金　菁　魏若玉

序 言

玉兰童子面，紫藤映红颜。忆昔承蒙养，展望新百年。

2022年4月16日，北京师范大学实验幼儿园（以下简称“北师大实验幼儿园”）已经走过了107个春秋。岁经百年，我园始终践行“以儿童为本”的教育理念，教养蒙童，哺幼开新，铢积寸累，蓬勃发展。在国家对学前教育发展高度重视的背景下，我园也致力于为促进学前教育的优质、均衡发展不断贡献力量：一方面，最大程度地为全国幼教同行提供各种学习与培训机会，特别重视对祖国边远地区、革命老区的支教帮扶；另一方面，陆续将记录幼儿园多年集体智慧的文字结集出版，包括《以儿童为本的教育研究与实践》《爱在小小舌尖：幼儿园营养美食》《幼儿发展性评价手册》和“幼儿园管理与教师培养丛书”等书籍，为同行提高办园质量提供经验与参考。

实现“幼有所育”是万千家庭的企盼。近年来，国家对3岁以下婴幼儿照护服务事业的发展日益重视。2010年7月颁布的《国家中长期教育改革和发展规划纲要（2010—2020年）》将学前教育单列一章，提出“重视0至3岁婴幼儿教育”。2017年12月召开的中央经济工作会议强调，“要针对人民群众关心的问题精准施策”“解决好婴幼儿照护和儿童早期教育服务问题”。2019年3月，“加快发展多种形式的婴幼儿照护服务，支持社会力量兴办托育服务机构”被写进政府工作报告。2019年5月，国务院办公厅正式发布的《关于促进3岁以下婴幼儿照护服务发展的指导意见》中首次提出“婴幼儿照护”的概念，明确了到2025年，“婴幼儿照护服务的政策法规体系和标准规范体系基本健全，多元化、多样化、覆盖城乡的婴幼儿照护服务体系基本形成，婴幼儿照护服务水平明显提升，人民群众的婴幼儿照护服务需求得到进一步满足”的发展目标。2020年

10月，中共十九届五中全会审议通过的《中共中央关于制定国民经济和社会发展第十四个五年规划和二〇三五年远景目标的建议》提出，“实施积极应对人口老龄化国家战略”“发展普惠托育服务体系”。一系列政策举措的出台为托育事业的发展奠定了基础，也掀起了托育教育的新高潮。

人生百年，立于幼学，蒙以养正，是为圣功。追溯我园0—3岁婴幼儿早期教育开展的历史，早在20世纪50年代，我园就开始招收56天至3岁的婴幼儿，在乳儿和婴儿的护理、保育、运动指导等方面积累了丰富的实践经验，为后续的婴幼儿早期教育实践奠定了基础。1985年，我园自主编写的《托儿所实用教材优秀教案汇编》包含了具体到每个月的婴幼儿教养特点及教育活动集锦，直至现在仍对我园0—3岁婴幼儿教育的开展发挥着作用。20世纪90年代，伴随着社会经济体制改革，幼儿园不再接收2岁以下的婴幼儿入托，但一直保留着适合2—3岁幼儿的全日托班。进入21世纪，为满足社会对优质教育资源的需求，我园积极响应北京市教育委员会关于“以幼儿园为依托的社区儿童早期教育基地建设工程”的号召，于2004年起陆续在校本部园、牡丹分园、奥林分园、望京分园创办了适合3岁以下婴幼儿的亲子班，并为3岁以下婴幼儿的家长开设专家讲座，举办家长沙龙，开展“亲子教育”宣传日活动。2005年9月，时任英国首相布莱尔的夫人亲自参加了北师大实验幼儿园中英早教基地挂牌仪式并剪彩。2011年，由于入托幼儿数量增加，幼儿园将适合2—3岁幼儿的全日托班改为半日制，一直延续至今。同年9月，幼儿园成立了融合3岁以下早教活动、亲子图书馆、家长学校等项目的早期教育实践基地，为周边社区家庭带来了科学的育儿指导和欢乐时光。

历经百年积淀，我园始终坚守“以儿童为本”的教育理念，在0—3岁早期教育管理、课程开发、师资培训、家教指导等方面积累了丰富的实践经验，形成了具有中国特色、管理规范、质量优良的早期教育服务体系，是北京市首批示范幼儿园之一、市区级早教示范基地，是代表北京最高办园水平的十佳幼儿园之一，更是众多家长首选的教育品牌。

每一个孩子都是家庭的希望，从蹒跚学步到咿呀学语，孩子生命最初的几年是其一生中大脑发育最为迅速的阶段。在这一关键时期，孩子需要有良好的亲子关系、科学的家庭养育及适宜的教育启蒙。“北京师范大学实验幼儿园早期教育课程方案”丛书是北师大实验幼儿园多年关于0—3岁婴幼儿早期教育实践智慧的结晶，我们希望能与广大早期教育工作者分享，并为0—3岁婴幼儿早期教育机构照护者及家长进行教育实践提供一定的参考和借鉴。

感谢在北师大实验幼儿园早期教育历史上做出贡献的前辈们，他们为我们留下了宝贵的财富；感谢参与编写的一线教师们，他们为课程提供了创意并付出了努力；也感谢北京师范大学出版集团对丛书的出版给予的大力支持。由于能力所限，书中难免存在不足之处，敬请读者提出宝贵意见。同时，这套丛书也是我们为庆祝北京师范大学120周年华诞和北师大实验幼儿园建园107周年献出的一份礼物。

黄 珊

2022年4月

于北京师范大学实验幼儿园

总 论

0—3岁是婴幼儿大脑发育的关键期，高质量的早期教育支持有利于促进婴幼儿身心健康发展，对其后续成长具有极其深远的影响。北师大实验幼儿园始终坚守“以儿童为本”的教育理念，基于对婴幼儿脑发育理论的研究，准确把握婴幼儿的年龄特点，以“培养健康乐观（乐）、善良有爱（爱）、文明礼貌（礼）、好奇智慧（智）、诚信立美（美）的儿童”为课程总目标，坚持创设丰富的环境，以科学适宜的早期教育活动保障婴幼儿的身心健康，促进其全面发展。

一、课程理念

（一）营造“以儿童为本”的教育氛围

儿童是永恒的求知者，他们从周围环境中吸收各种信息，并在与环境的互动过程中获得发展。良好的成长氛围、有爱的育人环境，对儿童成长的价值毋庸置疑。无论是物质环境的创建，还是精神环境——“家”氛围的营造，我们都应当将儿童居于中心地位。

环境是教育的场所，更是教育的载体。安全、整洁、温馨、和谐是环境创设的基本原则。环境中应该配有适合婴幼儿年龄特点、与其身材大小成比例、能激发其探索兴趣的各类玩具材料。这些材料要有美感，在视觉上要和谐，还要能吸引婴幼儿，使他们乐意去触摸、去自由挑选，让他们自主参与并乐在其中。

早期教育的场所应该是充满自由、爱和快乐的。要想营造这种氛围，家长和教师都应该尊重婴幼儿个体的差异性和多样性，创设自由、轻松的心理氛围，给予婴幼儿充分的自主选择权，不打扰他们专注于操作的活动，帮助他们快乐地、全身心地投入有意义的活动之中，实现最佳发展。

（二）培养全面发展的儿童

婴幼儿的学习与发展具有整体性，各个领域之间相互关联、相互作用、密不可分。在婴幼儿早期，所有的学习都始于身体，每一个动作的发展都在开发身体的能力，都在构建大脑丰富的神经通路。这对于婴幼儿的认知发展具有重要意义。伴随着婴幼儿的成长，其社会性、情绪的发展也极大地影响着婴幼儿的学习能力。我们以“培养健康乐观（乐）、善良有爱（爱）、文明礼貌（礼）、好奇智慧（智）、诚信立美（美）的儿童”为总目标，重视婴幼儿良好习惯的养成，致力于培养身心全面发展的儿童。

（三）教育要走在发展的前面

教育要走在发展的前面，要促进婴幼儿全面、充分、和谐发展，而且这种当前的发展应该能为婴幼儿将来的学习与发展奠定良好的基础，有助于婴幼儿将来的可持续发展。教师必须拥有广泛而扎实的婴幼儿发展理论知识，对个体发展有持续的观察和深刻的反思。只有这样，才能提供具有吸引力的游戏，理解婴幼儿游戏的过程和特点，给予其积极的支持和高水平的互动。教师必须参与到婴幼儿的学习过程中，基于婴幼儿的最近发展区布置具有挑战性的任务，有意识地激发、关注幼儿的学习需要。只有这样，才能促进婴幼儿主动、有效地学习。

（四）与家长建立合作伙伴关系

家长是儿童早期发展中排在第一位的重要他人，高质量的亲子陪伴会让早期教育取得事半功倍的效果。与家长建立合作伙伴关系，引导家长在参与活动的过程中理解婴幼儿的学习特点，提升育儿质量，是我们一直追求的目标。因此，我们致力于引导家长树立正确的教育观念，学习科学的育儿方法，建立良好的亲子关系。我们通过丰富多样的亲子活动，让家长在参与中体验和学习婴幼儿教育的有效方法；通过举办专业、实用的育儿讲座，组织参与式的家长沙龙，给予家长科学、具体的家庭教育指导。

二、课程组织实施原则

（一）尊重婴幼儿的年龄特点

0—3岁婴幼儿的发展非常依赖神经系统，特别是大脑的发育程度。早期教育更应该符合婴幼儿的成熟顺序，基于年龄特点引导其发展。对于0—3岁的婴幼儿而言，许多能力的习得离不开反复操作、感知产生的积累效应。我们不追求教育效果的即时性，而是遵循婴幼儿发展特点，设计多种重复和递进的活动，重视婴幼儿发展的潜在性和持续性。

（二）生活化

0—3岁的婴幼儿处于直觉行动思维阶段，他们通过直观感受和与周围事物的互动学习、成长，生活中的瓶瓶罐罐、锅碗瓢盆都是他们探索学习的好材料。因此，我们课程内容的选择与设计贴近生活，重视婴幼儿所在的社会、文化、生活背景，充分挖掘生活中事物的教育价值，将教育融入生活，并将其拓展、延伸至家庭教育之中。

（三）游戏化

游戏是婴幼儿学习和发展的重要途径，高水平的游戏能够促进婴幼儿多种能力的提高。我们的课程注重活动中每个婴幼儿的参与和体验，游戏化、情境化的活动设计能调动婴幼儿多种感官的参与，并使其获得愉悦的情绪体验。

三、课程使用说明

（一）课程安排说明

1. 适用对象

“北京师范大学实验幼儿园早期教育课程方案·亲子课程”是包含语言、艺术、体育、感觉统合等内容的综合游戏活动课程，适用于亲子教育机构的课程组织实施，也可为婴幼儿家长开展亲子游戏提供参考。为贴近亲子教育机构的日常工作实践，本课程以半岁（6个月）为一个年龄段编撰成册，每册包含序言、总论、活动案例三部分。课程频率为每周一次，每个年龄段共计20次亲子活动，大约用一学期的时间完成课程。教师在使用时可根据实际情况调整顺序，也可自行增减内容。

2. 活动时长

根据婴幼儿的生理特点，不同年龄段婴幼儿的课程在单次活动的时间上有所差异。7—12个月婴儿的课程时间为每次45分钟，13—18个月和19—24个月幼儿的课程时间为每次60分钟。所有年龄段婴幼儿的课程都分为两个部分，中间有10分钟休息时间。第一部分以综合游戏活动为主，如语言活动、音乐活动、美术活动等；第二部分以体育游戏活动为主，如大肌肉游戏、感觉统合游戏等。

3. 课程结构

由于7—24个月的婴幼儿在每个阶段的认知水平及学习特点上差异较大，因此，第一部分的活动在内容安排上也有所不同。比如，7—12个月、13—18个月的婴幼儿集中注意力的时间短，乐于探究新材料，因此，这两个年龄段婴幼儿的课程第一部分均包含趣味热身环节和2个游戏活动（其中专门设置了1个探索活动）。19—24个月的幼儿集中注意力的时间相对较长，第一部分根据每个具体活动所用时间的不同，酌情增减活动数量，部分周次包含2个亲子游戏活动，部分周次仅有1个。课程结构与内容如表0-1所示。本册具体的活动列表如表0-2所示。

表0-1　课程结构与内容

年龄段	课程结构	活动流程	活动内容	时长
7—12个月	第一部分：1环节+2活动	趣味热身		5分钟
		亲子游戏	活动1：综合游戏	10分钟
		探索发现	活动2：探索活动	5分钟
	休息			10分钟
	第二部分：1环节+1活动	运动时光	活动3：体育游戏	10分钟
		舒缓放松		5分钟
13—18个月	第一部分：1环节+2活动	趣味热身		5分钟
		亲子游戏	活动1：综合游戏	15分钟
		探索发现	活动2：探索活动	5分钟

续表

年龄段	课程结构	活动流程	活动内容	时长
13—18个月	休息			10分钟
	第二部分： 1环节+1活动	运动时光	活动3：体育游戏	20分钟
		舒缓放松		5分钟
19—24个月	第一部分： 2环节+2活动	趣味热身		5分钟
		相识问好		5分钟
		亲子游戏	活动1：综合游戏 活动2：综合游戏（部分周次无）	15分钟
	休息			10分钟
	第二部分： 1环节+1活动	运动时光	活动3：体育游戏	20分钟
		舒缓放松		5分钟

表0-2　活动列表（7—12个月）

周次	趣味热身	亲子游戏	探索发现	休息	运动时光	舒缓放松
1	间奏曲	袋鼠妈妈	雨声器	幼儿喝水、如厕，教师面向集体分享育儿方法或与个别家长做沟通反馈	爬行游戏1	舒缓按摩
2		小枕头	盒子里面有什么		爬行游戏2	
3		小乌龟爬山坡	找找藏在哪里		爬爬乐游戏	
4		洒水车	触觉游戏盒		扶站游戏	
5		划船1	形状配对绕珠		追球游戏	儿歌按摩
6		划船2	捕鱼袋		好玩的大圆球	
7		翁吧吧1	昆虫瓶		陀螺游戏1	陀螺按摩
8		翁吧吧2	拉线取物		陀螺游戏2	
9		小花猫学本领	斑马风琴		我是小斑马	
10		捏拢放开	手电筒的乐趣		快乐障碍爬1	儿歌按摩
11		划龙舟	荧光球		快乐障碍爬2	

续表

周次	趣味热身	亲子游戏	探索发现	休息	运动时光	舒缓放松
12	间奏曲	小星星	神奇的纸巾盒	幼儿喝水、如厕，教师面向集体分享育儿方法或与个别家长做沟通反馈	追光行动	叠煎饼
13		握紧拳头1	青蛙球		好玩的大龙球	陀螺按摩
14		握紧拳头2	抽屉盒		踢西瓜球	叠煎饼
15		慢慢走	套环游戏		掷球游戏	叠煎饼
16		毛毛虫	神秘袋		爱爬的毛毛虫	
17		可爱的小动物	认识我自己		步行运动组合	飞飞机
18		小铃铛	敲房子		快乐爬爬爬	
19		蹦	钢片琴		综合爬行练习	
20		三个好朋友	瓶盖游戏		大象套圈	

（二）课程实施建议

第一，每次课程的开始环节均为趣味热身，目的是吸引家长和婴幼儿的注意力，在唱唱跳跳的快乐氛围中，调动家长和婴幼儿的情绪，使其愉快进入下面的课程。根据0—3岁婴幼儿需要重复学习的特点，趣味热身环节的内容会出现多次重复的情况。年龄越小，重复的次数就越多，目的是通过反复练习，使婴幼儿熟练掌握。

第二，所有课程的第二部分均以体育游戏活动为主。其中，7—12个月婴儿的体育游戏活动中没有热身活动，因为此年龄段婴儿的课程时间较短，内容强度不大，不需要专门热身；13—18个月和19—24个月幼儿的体育游戏活动开始时均有热身活动，目的是活动身体各部位，为大肌肉的运动做好准备，每4节课更换一种热身活动。

第三，所有课程的最后环节均为舒缓放松，目的是舒缓婴幼儿的情绪，放松肌肉，每4节课更换一种放松活动。

第四，所有活动设计后面均附有给家长的话和给教师的建议，内容为给家庭教育提出的建议、对活动内容的讲解、重难点提示以及组织活动时需要注意的地方、可以替换的部分、给教师的启发与提醒等。

第五，本套课程中的部分玩教具比较专业，在每册图书的彩页中，我们对主要的玩教具进行了展示，并注明了使用的周次。部分如图画书等常见且不要求必须与文中保持一致的玩教具则未在彩页中展示。此外，部分玩教具对于家庭而言可能较难买到。因此，我们在部分玩教具后面注明了可以替代的生活中的常见物品，方便家长和教师使用。

第六，部分活动过程中有简短的教师组织语言，但并不能包含课程中教师的全部语言。因此，在组织活动的过程中，教师可结合活动进程及现场情况，创造性地添加组织语言。

第七，本套课程中的每个环节都标明了所用时间，但是组织活动的过程不是一成不变的。因此，教师可根据活动进程灵活安排时间，针对教育对象适时调整活动内容和时间长短。

第八，在19—24个月幼儿的课程中，第一部分在趣味热身结束后增加了相识问好环节。因为这个年龄的幼儿进入了语言发展的关键期，我们要多为幼儿提供练习说话的机会。每次相识问好环节的活动难度是递增的，这也是基于幼儿能力逐渐增强的发展特点设计的。

第九，0—3岁婴幼儿与其他学段儿童相比，在身心发展规律及特点上有较大区别。因此，广大婴幼儿教育工作者在使用本套丛书之前应具备一定的0—3岁婴幼儿发展的相关知识，如生理特点、学习特点、情绪特点及各个月龄婴幼儿的生理发展指标等。

目 录

第一周

第一部分 2
- 趣味热身 间奏曲 2
- 亲子游戏 袋鼠妈妈 3
- 探索发现 雨声器 4

休息时间：背景音乐《小星星》 5

第二部分 6
- 运动时光 爬行游戏1 6
- 舒缓放松 舒缓按摩 7

第二周

第一部分 10
- 趣味热身 间奏曲 10
- 亲子游戏 小枕头 11
- 探索发现 盒子里面有什么 12

休息时间：背景音乐《小星星》 14

第二部分 14
- 运动时光 爬行游戏2 14
- 舒缓放松 舒缓按摩 15

第三周

第一部分 18
- 趣味热身 间奏曲 18

亲子游戏　小乌龟爬山坡　19
探索发现　找找藏在哪里　21
休息时间：背景音乐《小星星》　22
第二部分　22
运动时光　爬爬乐游戏　22
舒缓放松　舒缓按摩　24

第四周
第一部分　26
趣味热身　间奏曲　26
亲子游戏　洒水车　27
探索发现　触觉游戏盒　29
休息时间：背景音乐《小星星》　30
第二部分　31
运动时光　扶站游戏　31
舒缓放松　舒缓按摩　32

第五周
第一部分　34
趣味热身　间奏曲　34
亲子游戏　划船1　35
探索发现　形状配对绕珠　36
休息时间：背景音乐《小星星》　38
第二部分　38
运动时光　追球游戏　38
舒缓放松　儿歌按摩　40

第六周
第一部分　42
趣味热身　间奏曲　42
亲子游戏　划船2　43
探索发现　捕鱼袋　44

休息时间：背景音乐《小星星》 46
第二部分 47
运动时光 好玩的大圆球 47
舒缓放松 儿歌按摩 48

第七周

第一部分 50
趣味热身 间奏曲 50
亲子游戏 翁吧吧1 51
探索发现 昆虫瓶 53
休息时间：背景音乐《小星星》 54
第二部分 54
运动时光 陀螺游戏1 54
舒缓放松 陀螺按摩 56

第八周

第一部分 58
趣味热身 间奏曲 58
亲子游戏 翁吧吧2 59
探索发现 拉线取物 61
休息时间：背景音乐《小星星》 62
第二部分 62
运动时光 陀螺游戏2 62
舒缓放松 陀螺按摩 64

第九周

第一部分 66
趣味热身 间奏曲 66
亲子游戏 小花猫学本领 67
探索发现 斑马风琴 68
休息时间：背景音乐《小星星》 70

第二部分 70
运动时光 我是小斑马 70
舒缓放松 陀螺按摩 71

第十周
第一部分 74
趣味热身 间奏曲 74
亲子游戏 捏拢放开 75
探索发现 手电筒的乐趣 77
休息时间：背景音乐《小星星》 78
第二部分 79
运动时光 快乐障碍爬1 79
舒缓放松 儿歌按摩 80

第十一周
第一部分 82
趣味热身 间奏曲 82
亲子游戏 划龙舟 83
探索发现 荧光球 84
休息时间：背景音乐《小星星》 85
第二部分 86
运动时光 快乐障碍爬2 86
舒缓放松 儿歌按摩 87

第十二周
第一部分 90
趣味热身 间奏曲 90
亲子游戏 小星星 91
探索发现 神奇的纸巾盒 93
休息时间：背景音乐《小星星》 94
第二部分 94
运动时光 追光行动 94

舒缓放松　叠煎饼　96

第十三周

第一部分　98
趣味热身　间奏曲　98
亲子游戏　握紧拳头1　99
探索发现　青蛙球　100
休息时间：背景音乐《小星星》　102
第二部分　102
运动时光　好玩的大龙球　102
舒缓放松　陀螺按摩　104

第十四周

第一部分　106
趣味热身　间奏曲　106
亲子游戏　握紧拳头2　107
探索发现　抽屉盒　108
休息时间：背景音乐《小星星》　110
第二部分　110
运动时光　踢西瓜球　110
舒缓放松　叠煎饼　111

第十五周

第一部分　114
趣味热身　间奏曲　114
亲子游戏　慢慢走　115
探索发现　套环游戏　116
休息时间：背景音乐《小星星》　118
第二部分　118
运动时光　掷球游戏　118
舒缓放松　叠煎饼　119

第十六周

第一部分 122

趣味热身 间奏曲 122

亲子游戏 毛毛虫 123

探索发现 神秘袋 124

休息时间：背景音乐《小星星》 126

第二部分 126

运动时光 爱爬的毛毛虫 126

舒缓放松 叠煎饼 127

第十七周

第一部分 130

趣味热身 间奏曲 130

亲子游戏 可爱的小动物 131

探索发现 认识我自己 132

休息时间：背景音乐《小星星》 133

第二部分 134

运动时光 步行运动组合 134

舒缓放松 飞飞机 135

第十八周

第一部分 138

趣味热身 间奏曲 138

亲子游戏 小铃铛 139

探索发现 敲房子 140

休息时间：背景音乐《小星星》 141

第二部分 141

运动时光 快乐爬爬爬 141

舒缓放松 飞飞机 143

第十九周

第一部分 146

趣味热身 间奏曲 146

亲子游戏 蹦 147

探索发现 钢片琴 148

休息时间：背景音乐《小星星》 149

第二部分 150

运动时光 综合爬行练习 150

舒缓放松 飞飞机 151

第二十周

第一部分 154

趣味热身 间奏曲 154

亲子游戏 三个好朋友 155

探索发现 瓶盖游戏 156

休息时间：背景音乐《小星星》 158

第二部分 158

运动时光 大象套圈 158

舒缓放松 飞飞机 159

1

第一周

第一周课程预览

课程结构	活动流程	活动名称	时　长
第一部分	趣味热身	间奏曲	5 分钟
	亲子游戏	袋鼠妈妈	10 分钟
	探索发现	雨声器	5 分钟
	休　　息		10 分钟
第二部分	运动时光	爬行游戏 1	10 分钟
	舒缓放松	舒缓按摩	5 分钟

第一部分

趣味热身　间奏曲

活动准备

实物：浴巾每个家庭一条、玩具娃娃一个。

活动过程

1. 教师与家长分别坐在浴巾上，围坐成一个圆圈。宝宝坐在家长身前或腿上。

   师："请家长每人取一条浴巾坐下，让宝宝坐在您的身前或腿上，我们帮助宝宝活动活动身体吧！"

2. 播放音乐《间奏曲》，教师跟随音乐节奏示范动作，家长模仿教师动作，帮助宝宝放松身体。

示范内容

1. 家长把宝宝放躺在浴巾上，双手拉着宝宝的双手，做双臂交叉拥抱自己状。
2. 家长拉着宝宝的双手往上举，再放下。
3. 家长握住宝宝的双脚，抬起，让宝宝的双脚够到自己的小鼻子，再放下。
4. 家长拉住宝宝的双手，轻轻往上拉，直到宝宝站立，再轻轻让宝宝坐下。
5. 接上一个动作，宝宝站立后，家长双手扶住宝宝的腋下，做跳跃状。

备注：热身环节是所有活动的第一个环节，一学期要重复安排这一内容，在多次重复中给宝宝建立开始的信号。

亲子游戏　袋鼠妈妈

活动目标

1. 学习倾听歌曲，感知音乐节拍。
2. 情绪愉快，喜欢参加亲子音乐活动。

活动准备

1. 实物：小型软质扭扭圈每人一个（可用适合抓握、能发出声音或发生变化的其他玩具或放有铃铛的小瓶子代替）。
2. 推荐音乐：《袋鼠妈妈》。

活动过程

1. 宝宝与家长面对面，坐在家长腿上。教师播放音乐《袋鼠妈妈》后，家长模仿教师动作，随音乐有节奏地上下晃动双腿，让宝宝感受音乐的节拍。

   师："宝宝们，小袋鼠和袋鼠妈妈邀请我们做游戏啦，它们还带来了一首好听的歌，我们一起来听一听吧！"

2. 教师出示小型软质扭扭圈，然后给每人分发一个。家长引导宝宝探索扭扭圈，尝试按动扭扭圈。

   师："我这里有软软的扭扭圈，宝宝可以把它握在手里按一按，也可以自己尝试其他的玩法。宝宝在探索的过程中，可以有各种各样的玩法，家长要鼓励宝宝去大胆尝试。"

3. 教师播放音乐《袋鼠妈妈》后，宝宝握住扭扭圈，在家长协助下跟随音乐尝试有节奏地按动扭扭圈。

   师："扭扭圈喜欢跟着好听的音乐扭一扭，现在请宝宝握住扭扭圈，跟着音乐按一按扭扭圈，让它扭起来。家长在此过程中可以适当协助宝宝，让宝宝能看到扭扭圈根据音乐节奏而发生变化。"

4. 活动结束，请家长帮助宝宝一起将扭扭圈送回到教师指定的地方。

   师："扭扭圈和我们做完游戏要回家了，我们送它们回家吧！"

给家长的指导

音乐是宝宝最先有感受和反应的艺术形式，宝宝对音乐有天生的感受力。家长通过腿的晃动让宝宝直接感受音乐的节奏。这首歌曲旋律优美，曲式简单，歌词简短又朗朗上口，宝宝倾听歌词和感受音乐旋律的过程，也是非常好的语言学习的机会。

给教师的建议

1．第一次参加活动，家长和宝宝对环境和教师都是陌生的，此过程中宝宝出现任何表现都是正常的，教师需要对此有心理准备，极具亲和力和感染力地组织活动和带动气氛，允许家长和宝宝的暂时离开。随着课程的继续，家长和宝宝的状态会越来越好。

2．亲子课程需要家长更多地参与其中，因此前几次活动教师要多观察和了解家长的特点，对那些腼腆的家长要多鼓励。

3．这个年龄的宝宝集中注意力的时间特别短，教师在教具的准备上要特别充分。

探索发现　雨声器

活动目标

1．探索与掌握能将雨声器中的弹珠上下滚动的方法。

2．发展视觉追踪能力。

活动准备

实物：雨声器每人一个（可以用透明的瓶子装入不同大小的彩色小圆球代替）。

活动过程

1．教师出示雨声器，将其竖放在地面，弹珠从上至下滚落，发出下雨的声音，直至所有弹珠掉落下来，然后将雨声器倒过来竖放，弹珠再次从上往下滚落。

2．教师分发给每个家庭一个雨声器，并向家长简单介绍探索活动的重点和目的。

师："本次探索活动主要是让宝宝观察弹珠滚落的过程，提升视觉追踪能力。将雨声器立在地面，弹珠从上往下滚落，宝宝会被声音或者弹珠吸引，家长不要去打断宝宝的专注观察。在宝宝观察的过程中可以锻炼宝宝的视觉追踪能力，当弹珠全部掉落底部后，引导宝宝将雨声器倒过来，再让宝宝观察。"

3. 家长协助和引导宝宝进行自由探索。教师观察宝宝的探索情况及家长与宝宝的互动情况，适时给予指导。

4. 活动结束，家长协助宝宝将玩具送回到教师指定的地方。

给家长的指导

这个年龄的宝宝特别喜欢有响声的玩具。当雨声器里的小珠子从上往下掉落的时候，发出像下雨的声音，宝宝会被声音吸引，同时也会观察到雨声器里的小珠子掉落，从而达到练习视觉追踪的目的。引导宝宝发现雨声器翻转才能让小球滚动落下的因果关系，他们才会自己主动去翻转。

给教师的建议

拿到雨声器后，宝宝会拿在手上把玩，不放在地上，教师要及时引导家长，可以先给他们足够的探索时间。过一会儿再将宝宝手中的雨声器放在地上，宝宝会被声音吸引，不会出现情绪问题。当宝宝非常专注地看雨声器的时候，教师要提醒家长做一个旁观者，不要打扰宝宝的专注观察。

休息时间：背景音乐《小星星》

幼儿喝水、如厕，教师面向集体分享育儿方法

或与个别家长做沟通反馈。

第二部分

运动时光 爬行游戏1

活动目标

1. 锻炼手膝着地爬的能力。
2. 体验参与游戏的乐趣。

活动准备

实物：帕得烈爬行训练套装每人一套（可以用软垫代替）、触觉爬行软垫。

活动过程

1. 教师出示帕得烈爬行训练套装，并发给每个家长一套训练套装，请家长引导宝宝用手、膝着地爬的方式在帕得烈爬行训练套装中练习爬行。

   师："家长可以在宝宝的旁边跟随他一同爬行，也可以在宝宝的前方面对着他，让宝宝能随时看到您的目光。"

2. 教师出示泡沫爬行垫，并有序排列成不同的造型，请家长引导宝宝用手膝着地爬的方式在泡沫爬行垫上练习爬行。

   师："宝宝们快看，教室中出现了一条长长的路，让我们从上面爬过去吧！"

   师："家长可以陪在宝宝的旁边一同爬行，也可以在宝宝的前方，让他能随时看到您的目光。同时要不断地用语言鼓励宝宝前进！"

3. 根据宝宝体能情况，适时结束游戏，教师收起教具，家长和宝宝坐在原地休息。

给家长的指导

今天是宝宝的第一次活动，我们就从这个年龄段的宝宝最擅长的爬行练习开始。爬行是1岁以前非常重要的能力，爬行阶段的练习是否充分，直接影响到宝宝以后很多的动作发展。因此，在家里一定要让宝宝得到充足的爬行练习，不要过早强调学习走路。

给教师的建议

第一次活动很重要的就是教师要与宝宝和家长建立起和谐的关系，因此选择了这个年龄段的宝宝最擅长的爬行作为活动内容，这样不至于让宝宝感到过于困难。而通过简单的活动也让家长慢慢熟悉教师的指令和活动的流程，逐步建立课堂常规。

舒缓放松　舒缓按摩

活动准备

1. 实物：玩具娃娃。
2. 推荐音乐：《勃拉姆斯摇篮曲》。

活动过程

1. 播放音乐《勃拉姆斯摇篮曲》。
2. 家长将宝宝放在身前，围坐成半圆。
3. 教师手持玩具娃娃做示范，带领家长为宝宝按摩。

示范内容

1. 家长双手轻捏宝宝的双手和双臂，顺序为手指、手掌、小臂、大臂。
2. 家长双手轻捏宝宝的双脚和双腿，顺序为脚趾、脚掌、小腿、大腿。可反复进行。

第 二 周

第二周课程预览

课程结构	活动流程	活动名称	时　长
第一部分	趣味热身	间奏曲	5 分钟
	亲子游戏	小枕头	10 分钟
	探索发现	盒子里面有什么	5 分钟
	休　息		10 分钟
第二部分	运动时光	爬行游戏 2	10 分钟
	舒缓放松	舒缓按摩	5 分钟

第一部分

趣味热身　间奏曲

活动准备

实物：浴巾每个家庭一条、玩具娃娃一个。

活动过程

1. 教师与家长分别坐在浴巾上，围坐成一个圆圈。宝宝坐在家长身前或腿上。

   师："请家长每人取一条浴巾坐下，让宝宝坐在您的身前或腿上，我们帮助宝宝活动活动身体吧！"

2. 播放音乐《间奏曲》，教师跟随音乐节奏示范动作，家长模仿教师动作，帮助宝宝放松身体。

示范内容

1. 家长把宝宝放躺在浴巾上，双手拉着宝宝的双手，做双臂交叉拥抱自己状。
2. 家长拉着宝宝的双手往上举，再放下。
3. 家长握住宝宝的双脚，抬起，让宝宝的双脚够到自己的小鼻子，再放下。
4. 家长拉住宝宝的双手，轻轻往上拉，直到宝宝站立，再轻轻让宝宝坐下。
5. 接上一个动作，宝宝站立后，家长双手扶住宝宝的腋下，做跳跃状。

备注：热身环节是所有活动的第一个环节，一学期要重复安排这一内容，在多次重复中给宝宝建立开始的信号。

亲子游戏　小枕头

活动目标

1. 初步感受音乐的舒缓节奏与优美。
2. 愿意与家长一起参与音乐活动。

活动准备

1. 实物：太阳花软垫每人一个（可用任何舒适柔软的垫子代替）、彩色纱巾球每人一个。
2. 推荐音乐：《小枕头》（贝瓦儿歌）。

活动过程

1. 教师分发给每个家庭一个太阳花软垫。家长将太阳花软垫放在双腿上，让宝宝躺在家长腿上，并与宝宝进行眼神和表情的互动。

   师："我有一个漂亮的小枕头，躺在上面软软的，好舒服。现在请家长将太阳花小枕头放在您的腿上，让宝宝头枕着太阳花躺在您的腿上，和宝宝面对面笑一笑，喊喊宝宝的名字，让宝宝感受小枕头的柔软和与家长互动的快乐。"

2. 教师播放音乐《小枕头》，家长模仿教师跟随音乐节奏慢慢地上下晃动双腿，让宝宝感受音乐的旋律。

   师："现在我们来跟着舒缓的音乐一起来感受小枕头的柔软和舒适。家长在活动过程中需要有节奏地晃动您的双腿，并和宝宝进行眼神的交流，让宝宝感受音乐旋律的同时也能感受到您的爱和关注。"

3. 教师出示纱巾球，并分发给每个家庭一个纱巾球。宝宝继续躺在家长腿上，家长在宝宝身体上方挥动纱巾球，吸引宝宝抓握纱巾。

   师："彩色纱巾球，彩色的尾巴飘呀飘，飘到宝宝面前，你来用手抓住它。"

4. 教师播放音乐《小枕头》，并引导家长跟随音乐节奏缓慢挥动纱巾球，引导宝宝去抓握纱巾角。

   师："现在我们跟着好听的音乐，躺在舒服的小枕头上，和纱巾球一起玩游戏。家长在挥动纱巾球时动作要优美，眼神要关注宝宝的回应，用您的动作和表情来鼓励宝宝去用双手抓握纱巾。”

5. 家长协助宝宝将教具送回教师指定的地方，然后抱着宝宝围圈站好。教师播放音乐《小枕头》，家长抱着宝宝跟随音乐节奏和教师指令走动（教师可提示家长向前、后、左、右不同方向走动，或向中间聚拢、散开等）。音乐结束，活动自然结束。

师："请家长抱着宝宝围圈站好，您抱宝宝的方式以让宝宝舒服为佳，音乐响起后，请您听我的指令随音乐节奏缓慢走动，让宝宝在家长的移动中感受音乐的缓慢节奏和空间变化。”

给家长的指导

《小枕头》是一首歌词简单、旋律优美、节奏舒缓的歌曲，非常适合作为睡前安抚宝宝的背景音乐，家长学会后，可以给宝宝边做抚触边唱。在活动中通过晃动太阳花枕头和挥动纱巾球等游戏，吸引宝宝的注意力，让宝宝在游戏中愉快地感受音乐。

给教师的建议

这支乐曲非常舒缓，给人感觉很温暖，所以教师在组织活动的时候可以把灯光调得暗一些，创造出一种温馨的睡前气氛。第一个环节的时候，可能会出现宝宝不愿意躺在太阳花软垫上的情况，教师需要及时调整，可以让家长抱宝宝坐在腿上，跟着音乐晃动身体。前几次活动中越小的宝宝出现的突发状况越多，需要教师灵活应对。

探索发现　盒子里面有什么

活动目标

1. 能打开盒子，用手将物品抓握到盒子里。
2. 提升手指的灵活性和视觉分辨能力。

活动准备

实物：颜色分类盒每人一套（可用其他容易打开的盒子及适合宝宝抓握的小玩具来代替）。

活动过程

1. 教师向家长简单介绍本次探索活动的重点和目的，出示颜色分类盒，将盒子打开，夸张地展示两下抓握的动作，然后将盒子中的各种物品逐一抓握出来，最后再将物品一一抓握回自己的颜色盒中。

   师："请每个宝宝打开盒子，并将盒子里的玩具抓握出来，每次抓握一个。家长可帮助宝宝将玩具放回盒子，然后再引导宝宝打开盒子与取出物品，反复练习与探索。本次探索活动的重点是练习打开和抓握的动作，提升宝宝手指的灵活性。"

2. 教师分发给每个宝宝一个颜色分类盒，请家长协助宝宝打开盒子，并将盒子里的物品抓握出来。
3. 宝宝进行自由探索和练习，教师重点观察宝宝动作的完成情况及家长与宝宝的互动方式，给予适时的引导。如宝宝无法将盒子打开、家长面对宝宝的需求无法做出正面的回应等，鼓励家长正面引导宝宝多次尝试，切勿盲目替代和协助。

给家长的指导

在探索活动中，通过宝宝抓握玩具放进盒子里，锻炼宝宝的手眼协调和小肌肉的灵活性。在宝宝操作玩教具的过程中，如果他们一直在摆弄和尝试，就不需要成人的帮助，家长当旁观者就可以，不要急于追求结果，给他们充分的练习时间，这样也是保护宝宝的专注力。

给教师的建议

在宝宝操作的过程中，会出现一段非常短时间的专注探索时间，教师可以在此时间内简短跟家长介绍本教具的使用目标和指导宝宝操作教具的注意点。此次活动的教具里有很多小物件，宝宝对拿出这些小物件非常感兴趣，教师可以向家长强调喜欢重复动作是宝宝这个年龄的学习特点，不断重复练习，让手的动作得到充分锻炼，对宝宝手部小肌肉动作的发展和大脑的发育都有很重要的作用。

休息时间：背景音乐《小星星》
幼儿喝水、如厕，教师面向集体分享育儿方法
或与个别家长做沟通反馈。

第二部分

运动时光　爬行游戏 2

活动目标

1. 巩固手膝着地爬的能力。
2. 体验亲子游戏的乐趣。

活动准备

实物：七彩滚动镜每人一个（可以用适合手拿的小镜子代替）。

活动过程

1. 教师指导家长带着宝宝一起追逐七彩滚动镜。

师：“宝宝看，镜子里有好看的颜色，我们跟着妈妈（爸爸）去追它吧！”

2. 教师指导家长用七彩滚动镜不断吸引宝宝，并逐渐增加宝宝爬行的距离。

师：“宝宝加油！你就快要摸到了！”

3. 教师指导家长与宝宝面对面，一边带着七彩滚动镜倒退，一边引导宝宝追逐镜子中的自己，不断往前爬。

师："宝宝快看！宝宝在镜子里呢！快来摸一摸！"

4. 活动结束，家长将教具交还给教师，并与宝宝一起坐在原地休息。

给家长的指导

今天的活动是通过游戏锻炼宝宝手膝着地爬的动作技巧。在活动中鼓励宝宝追逐玩具，不断地往前爬，以此达到锻炼体能的目的。在家里，家长们也可以模仿这种形式，用语言或者肢体引导，锻炼宝宝的爬行能力。

给教师的建议

今天活动的难点在于，需要不断地用富有激情的语言和行动鼓励宝宝追逐镜子。同时因为家长要在地上爬行引导，因此也需要考虑家长的情绪和体能。

舒缓放松　舒缓按摩

活动准备

1. 实物：玩具娃娃。
2. 推荐音乐：《勃拉姆斯摇篮曲》。

活动过程

1. 播放音乐《勃拉姆斯摇篮曲》。
2. 家长将宝宝放在身前，围坐成半圆。
3. 教师手持玩具娃娃做示范，带领家长为宝宝按摩。

示范内容

1. 家长双手轻捏宝宝的双手和双臂，顺序为手指、手掌、小臂、大臂。
2. 家长双手轻捏宝宝的双脚和双腿，顺序为脚趾、脚掌、小腿、大腿。可反复进行。

第 三 周

第三周课程预览

课程结构	活动流程	活动名称	时 长
第一部分	趣味热身	间奏曲	5 分钟
	亲子游戏	小乌龟爬山坡	10 分钟
	探索发现	找找藏在哪里	5 分钟
	休 息		10 分钟
第二部分	运动时光	爬爬乐游戏	10 分钟
	舒缓放松	舒缓按摩	5 分钟

第一部分

趣味热身　间奏曲

活动准备

实物：浴巾每个家庭一条、玩具娃娃一个。

活动过程

1. 教师与家长分别坐在浴巾上，围坐成一个圆圈。宝宝坐在家长身前或腿上。

   师："请家长每人取一条浴巾坐下，让宝宝坐在您的身前或腿上，我们帮助宝宝活动活动身体吧！"

2. 播放音乐《间奏曲》，教师跟随音乐节奏示范动作，家长模仿教师动作，帮助宝宝放松身体。

示范内容

1. 家长把宝宝放躺在浴巾上，双手拉着宝宝的双手，做双臂交叉拥抱自己状。
2. 家长拉着宝宝的双手往上举，再放下。
3. 家长握住宝宝的双脚，抬起，让宝宝的双脚够到自己的小鼻子，再放下。
4. 家长拉住宝宝的双手，轻轻往上拉，直到宝宝站立，再轻轻让宝宝坐下。
5. 接上一个动作，宝宝站立后，家长双手扶住宝宝的腋下，做跳跃状。

备注：热身环节是所有活动的第一个环节，一学期要重复安排这一内容，在多次重复中给宝宝建立开始的信号。

亲子游戏　小乌龟爬山坡

活动目标

1. 能够感受音乐的欢快。
2. 体验与家长一起参与音乐活动的乐趣。

活动准备

1. 实物：乌龟手偶每人一个、各种大小的按摩刺球每人两个（可用适合手拿的小球代替）。
2. 推荐音乐：《小乌龟爬山》（奥尔夫音乐）。

活动过程

1. 教师出示乌龟手偶，引出活动主题。播放音乐《小乌龟爬山》，并使用手偶简单地表演歌曲内容（即乌龟手偶拍手、爬行、滚落等），家长与宝宝观看教师表演并跟随音乐节奏拍手。

   师："今天小乌龟来和宝宝做游戏。'大家好，我是小乌龟，我为大家带来一首歌曲《小乌龟爬山》，请你来听一听。'小乌龟会跟着音乐跳舞，宝宝和家长可以一边观看表演，一边跟着音乐节奏拍拍手。"

2. 请家长将宝宝抱坐在腿上，左手握住宝宝的左手，右手协助宝宝用右手食指轻点左手掌心，练习几次，鼓励宝宝自主进行尝试。

   师："小乌龟的表演可真好看，它的本领可真大！看完表演，宝宝也来学本领，我可以用手指点点手掌心，你来试一试。家长可以协助宝宝来试一试，慢慢鼓励宝宝自主尝试。"

3. 教师播放音乐《小乌龟爬山》，家长引导和协助宝宝跟随音乐用右手食指有节奏地轻点左手掌心。

   师："宝宝学会了新本领，我们跟着小乌龟的音乐来表演吧！家长在过程中需要引导和协助宝宝跟随音乐的节奏来点点手掌心，当然，我们要尽可能地鼓励宝宝自己来做，是否跟着节奏没有关系，宝宝能模仿和参与，做出点的动作就很棒了。"

4. 教师出示按摩刺球，并发放给每个家庭两个按摩刺球。家长引导宝宝探索按摩刺球玩法，并尝试将两个按摩刺球进行碰撞、敲击。

师："小小按摩球，滚来又滚去，看到好朋友，轻轻碰一碰。请宝宝拿起按摩球，碰一碰、敲一敲，也可以试试其他的玩法。家长要保护宝宝的探索欲和专注力，鼓励宝宝用自己的方式去操作和探索，在宝宝没兴趣的时候，您可以尝试和宝宝互动，再次引起宝宝的兴趣。"

5. 教师播放音乐《小乌龟爬山》，家长协助宝宝跟随音乐有节奏地敲击、碰撞按摩刺球，让宝宝再次感受音乐（开始时，家长引导宝宝模仿教师敲击、碰撞按摩刺球，然后逐步鼓励宝宝结合音乐用自己的方式去敲击）。

师："请宝宝们准备好你的按摩球，现在按摩球要跟着好听的音乐爬山坡了！家长在开始时可以引导宝宝模仿我敲击、碰撞按摩球，然后逐步鼓励宝宝结合音乐用自己的方式去敲击，让宝宝再次感受音乐。"

6. 活动结束，家长协助宝宝将教具送回教师指定的地方。

给家长的指导

本次音乐活动中，我们通过借助肢体动作和球的碰撞来引起宝宝对音乐更大的兴趣。在家的时候，家长还可以为宝宝准备一些适宜他们演奏的小乐器，引导他们听不同风格的乐曲，奏响不同种类的乐器，倾听不同的声音和音乐，给予宝宝更多有关音乐的美好体验。

给教师的建议

这首歌曲歌词简单、旋律优美，对于几个月的宝宝来说，学习音乐的目的就是有一个初步的体验和感受。建议尽可能选择节奏轻快、富有生气、舒缓流畅、优雅动人等多种风格的曲子让宝宝听一听。悦耳多元的音乐带来的声音刺激能够让宝宝的听觉脑波交换，发展宝宝的听觉神经，从而刺激宝宝脑部发育。

探索发现　找找藏在哪里

活动目标

1. 能够自己打开盒子，发现隐藏的物品。
2. 体验藏找游戏的乐趣及找到物品后的成就感。

活动准备

实物：颜色分类盒每人一个（可用其他容易打开的盒子及适合宝宝抓握的小玩具来代替）。

活动过程

1. 请家长带领宝宝围坐成圈，教师取出颜色分类盒中的所有物品，散放在圆圈的中间。
2. 教师快速把所有盒子倒扣在圆圈中的任意物品上，并向家长简单介绍本次探索活动的重点和目的。

   师："我用盒子把很多玩具藏起来了，家长一会儿可以引导宝宝爬到中间来翻一翻、找一找，找到玩具后家长可以带宝宝玩一玩。然后家长可以再将盒子倒扣在圆圈中的任一玩具上，引导宝宝去翻找。游戏可以反复进行。盒子下面藏了好多玩具，宝宝快来翻一翻，找一找。"
3. 请宝宝一起向中间爬，爬到倒扣的盒子面前，将盒子翻开，看看里面藏了什么，游戏可反复进行。
4. 教师观察宝宝探索情况及家长与宝宝的互动情况，适时给予指导。
5. 宝宝的兴趣减弱后结束游戏，家长协助宝宝将玩具送到教师指定的地方。

给家长的指导

今天的探索活动主要是通过藏藏找找激发宝宝的好奇心，通过翻找盒子、抓握玩具，锻炼宝宝手指的灵活动作。宝宝特别喜欢这种藏找的小游戏，尤其是在找到东西的那一瞬间，宝宝是很欣喜、很惊奇的。今天的活动给家长一个启发，家长可以充分利用家里现有的玩具和材料带宝宝一起玩藏找游戏，宝宝会喜欢重复玩这个游戏。待宝宝的爬行能力增强后，还可以适当增加难度，和宝宝一起玩记忆游戏，摆出多个盒子增加干扰，让他记住藏在哪个下面。

给教师的建议

这种探索活动需要家长积极的配合，需要教师用精准明确的语言去告知家长游戏的玩法。家长在参与游戏引导的过程中，经常会出现引导无效的现象，其原因是家长不知道该如何和宝宝交流，教师要在观察中有效地指导家长。例如，当家长只会说“来，宝贝往前爬，把盒子打开”的时候，教师需要及时告诉家长，除了语言还可以用我们的动作去帮助宝宝，我们拍拍宝宝前方的盒子，或者打开一下盒子让宝宝发现盒子下面的玩具等，让宝宝有往前爬的动力。

休息时间：背景音乐《小星星》
幼儿喝水、如厕，教师面向集体分享育儿方法
或与个别家长做沟通反馈。

第二部分

运动时光　爬爬乐游戏

活动目标

1. 提升手、膝着地爬的能力。

2. 发展身体协调性。

活动准备

实物：触觉爬行软垫一组（可用软垫代替）、雨声器每人一个（可用沙蛋代替）。

活动过程

1. 教师引导家长带领宝宝排成一横排，宝宝在前，家长在后。教师出示教具雨声器，并唱儿歌吸引宝宝的注意力。

   师："小小压路机，唱歌滴滴滴，压好大马路，一起笑嘻嘻。"

2. 教师拿一个雨声器在宝宝们的前面吸引，家长鼓励宝宝追逐着声音往前爬。爬到指定位置后，给每位家长一个雨声器。

   师："宝宝听一听声音在哪里？快点儿快点儿爬过来！"

3. 教师指导家长用雨声器发出的响声吸引宝宝，引导宝宝追逐着声音爬回起点位置。

4. 教师将触觉爬行软垫排列成两至三排，请家长借助雨声器引导宝宝爬行通过软垫，此游戏可反复进行。

   师："宝宝们快看，这里出现了一条长长的路，我们快从上面爬过去！"

5. 游戏结束，家长将教具交还给教师，并与宝宝坐在原地休息。

给家长的指导

本次活动的目的依旧是巩固宝宝的爬行能力，重点是手、膝着地爬的动作练习。爬行对于宝宝意义重大，充分的爬行锻炼对于宝宝身体的全面发展有积极的促进作用。因此家长们在家中也要每天鼓励宝宝多爬行，不要急于训练宝宝走路。

给教师的建议

如何用游戏的形式来锻炼宝宝的爬行是教师要传授给家长们的技巧，尤其是让家长通过课程认识到激发宝宝兴趣的重要性。利用不同的物品、不同的声音、不同的场景都可以吸引宝宝，从而让宝宝乐于参加这些游戏。

舒缓放松　舒缓按摩

活动准备

1. 实物：玩具娃娃。
2. 推荐音乐：《勃拉姆斯摇篮曲》。

活动过程

1. 播放音乐《勃拉姆斯摇篮曲》。
2. 家长将宝宝放在身前，围坐成半圆。
3. 教师手持玩具娃娃做示范，带领家长为宝宝按摩。

示范内容

1. 家长双手轻捏宝宝的双手和双臂，顺序为手指、手掌、小臂、大臂。
2. 家长双手轻捏宝宝的双脚和双腿，顺序为脚趾、脚掌、小腿、大腿。可反复进行。

第四周

第四周课程预览

课程结构	活动流程	活动名称	时长
第一部分	趣味热身	间奏曲	5分钟
	亲子游戏	洒水车	10分钟
	探索发现	触觉游戏盒	5分钟
	休息		10分钟
第二部分	运动时光	扶站游戏	10分钟
	舒缓放松	舒缓按摩	5分钟

第一部分

趣味热身　间奏曲

活动准备

实物：浴巾每个家庭一条、玩具娃娃一个。

活动过程

1. 教师与家长分别坐在浴巾上，围坐成一个圆圈。宝宝坐在家长身前或腿上。

   师：“请家长每人取一条浴巾坐下，让宝宝坐在您的身前或腿上，我们帮助宝宝活动活动身体吧！”

2. 播放音乐《间奏曲》，教师跟随音乐节奏示范动作，家长模仿教师动作，帮助宝宝放松身体。

示范内容

1. 家长把宝宝放躺在浴巾上，双手拉着宝宝的双手，做双臂交叉拥抱自己状。
2. 家长拉着宝宝的双手往上举，再放下。
3. 家长握住宝宝的双脚，抬起，让宝宝的双脚够到自己的小鼻子，再放下。
4. 家长拉住宝宝的双手，轻轻往上拉，直到宝宝站立，再轻轻让宝宝坐下。
5. 接上一个动作，宝宝站立后，家长双手扶住宝宝的腋下，做跳跃状。

备注：热身环节是所有活动的第一个环节，一学期要重复安排这一内容，在多次重复中给宝宝建立开始的信号。

亲子游戏　洒水车

活动目标

1. 能在家长协助下有节奏地拍动或晃动纱巾。
2. 感受音乐游戏带来的快乐。

活动准备

1. 实物：彩色纱巾每人一块（可用颜色鲜艳的丝巾代替）、按摩刺球每人两个（可用适合手握的球类玩具代替）。
2. 推荐音乐：《洒水车》。

活动过程

1. 请家长带宝宝围坐成一个圆圈，宝宝坐在家长的腿上。教师出示纱巾，并分发给每个家庭一条纱巾。家长将纱巾自然垂下，在宝宝的面前，晃动纱巾或抛扔纱巾，引导宝宝来抓握、够取纱巾。

   师：“今天我带来了漂亮的纱巾和宝宝一起做游戏。打开纱巾，藏起来，藏起来！放下纱巾，出来啦，出来啦！团团纱巾往上抛，宝宝伸手抓一抓，够一够。家长除了可以用我展示的玩法，也可以依宝宝接受程度，用您自己的方式去和宝宝进行互动，让宝宝愿意参与，主动去抓握、够取纱巾。”

2. 教师播放音乐《洒水车》后，家长跟随音乐有节奏地晃动、抛扔纱巾，引导宝宝抓握、够取，让宝宝在互动中感受音乐旋律。

   师：“现在我们来跟着好听的音乐和纱巾一起做游戏吧！请家长和我一起把纱巾打开，在宝宝面前抖一抖。”

3. 家长将纱巾揉成团，半握在一只手中，引导和协助宝宝拍、拉、晃动纱巾，鼓励宝宝自主进行。

   师：“我可以把纱巾团一团握在手里，然后拍一拍、拉一拉，拿起纱巾晃动它。现在家长来把纱巾团一团，让宝宝拍一拍、拉一拉，抓住纱巾晃动晃动。”

4. 教师播放音乐《洒水车》后，家长将纱巾揉成团，半握在一只手中，然后引导和协助宝宝有节奏地拍、拉、晃动纱巾，跟随教师的提示重复动作。过程中要逐渐带动和鼓励宝宝自主进行。

师："现在我们跟着音乐，让纱巾跳跳舞！家长在此过程中与宝宝互动时，要兼顾配合音乐的节奏，让宝宝在游戏中去感受音乐的节奏和旋律。"

5. 教师出示按摩刺球，每个家庭分发两个按摩刺球。家长用纱巾包好其中一个球并握住，宝宝双手握住另一个球。家长带动宝宝碰撞小球，鼓励宝宝自主去找家长的球碰撞。

师："纱巾和小球，都是好朋友，一个藏到纱巾里，一个握在宝宝手心里；好朋友碰一碰，宝宝妈妈来碰碰。请宝宝拿一个球，家长用纱巾包住另一个球，然后家长来带动宝宝碰碰球，但需要家长注意的是，我们前期需要给宝宝夸张的动作示范，后期要多鼓励宝宝主动去碰撞您的球。"

6. 教师播放音乐《洒水车》后，家长与宝宝跟随音乐有节奏地进行碰球游戏，再次让宝宝感受音乐。

师："好玩的球，好玩的纱巾，一起跟着音乐碰一碰！重点还是需要家长跟随音乐的节奏和我的提示去和宝宝互动碰撞。音乐响起来，我们开始碰一碰吧！"

7. 活动结束，家长协助宝宝将教具送回教师指定的地方。

给家长的指导

音乐活动中我们通过让宝宝抓握、够取纱巾以及碰撞小球的方式，让宝宝在游戏中去感受《洒水车》这首音乐的欢快节奏。宝宝年龄小，需要我们家长用身体动作和热情带动宝宝，所以在亲子活动中家长们一定要放开自己，快乐地与宝宝互动，用您的情绪感染宝宝。回家后也要多和宝宝一起复习活动中的音乐游戏，和宝宝进行愉快互动哦！

给教师的建议

本次活动通过不同的纱巾玩法让宝宝感受音乐的节奏，宝宝透过遮在面前的纱巾看世界的时候，世界变颜色了。出于好奇，宝宝很可能会把纱巾从面前拉开。所以在加入音乐之前，先玩一会儿纱巾满足宝宝的好奇心。对于纱巾的选择，建议买一些质地轻薄、颜色鲜艳的，尺寸不宜过大。

探索发现　触觉游戏盒

活动目标

1. 能用手触摸各种触觉球，体验不同材质的触觉感。
2. 喜欢探索，体验亲子游戏的快乐。

活动准备

实物：触觉游戏盒每人一个（可用纸盒裁出两个洞口来代替）、触觉球每人五个（可用不同触感的其他玩具代替）。

活动过程

1. 教师取出触觉游戏盒，邀请助理教师扮演宝宝的角色，与教师在触觉游戏盒的前后两侧面对面坐好。
2. 教师从触觉游戏盒的红色洞口处伸出双手，与助理教师挥手打招呼后，一只手轻轻握住助理教师的手退回到盒内，让其从触觉游戏盒里摸一个小球并从洞口取出，看自己摸到的是什么，反复示范两至三次。

   师1：“宝宝伸出你的两只小手，分别放到我的手心里，老师带你一起到盒子里摸一摸有什么。你摸到的是什么？快拿出去看一看！”

   师2：“小手小手摸一摸，看看盒子里面有什么。哈哈，我摸到一个软软的球……”
3. 教师分发给每个家庭一个触觉游戏探索盒，并向家长简单介绍本次探索活动的重点和目的。

师：“本次探索活动主要是让宝宝用小手触摸不同纹路的触觉球，感知不同的触感，刺激宝宝的触觉。家长要引导宝宝多用手触摸球的表面，当然也要鼓励宝宝用自己的方式去感知和探索，及时给予宝宝鼓励。”

4. 宝宝开始自由探索和操作，家长协助和引导宝宝进行探索。教师观察宝宝探索情况及家长与宝宝的互动情况，适时给予指导。

5. 活动结束，家长协助宝宝将玩具送回到教师指定的地方。

给家长的指导

在宝宝的成长过程当中，成人的代劳、过多的干预和限制会妨碍宝宝的发展。当宝宝有兴趣去触摸生活中的各种物品时，他们会通过触摸获得更多的直观感受和经验，所以只要不存在危险和安全隐患，家长就要鼓励宝宝探索。在家时，家长也应该更多地为宝宝提供一些可以随时进行触摸的游戏材料，这样宝宝在玩触摸游戏的过程当中，能够积累更多的关于软、硬、光滑、粗糙等触觉的感知体验。

给教师的建议

1. 宝宝对生活中的很多物品都非常感兴趣，教师在设计触觉游戏盒时可以用触觉球，也可以用生活中一些常见的物品，触觉感知不同的模型或真实的物品都可以，触摸游戏形式也可以是多样的。

2. 教师要重点提示，家长在参与宝宝的触摸互动游戏时，要尽量和宝宝有眼神的交流，这样才能更好地增进亲子感情。

休息时间：背景音乐《小星星》
幼儿喝水、如厕，教师面向集体分享育儿方法
或与个别家长做沟通反馈。

第二部分

运动时光　扶站游戏

活动目标

1. 锻炼在有帮助的条件下站立的能力。
2. 发展主动站立的意识。

活动准备

实物：触觉爬行软垫两组（可用软垫代替）、彩色小球每人一个。

活动过程

1. 教师将触觉爬行垫摆成两条路，路的终点悬挂一个彩色的小球。请家长带领宝宝分别站在两组触觉爬行垫的起点，家长可以在宝宝后面，也可以在宝宝侧面。

   师："请家长用语言不断地鼓励宝宝在垫子上往前爬，并让宝宝能时刻看到前方的小球。"

2. 家长和宝宝一起往前爬，爬到终点后家长帮助宝宝站起来，并让宝宝用手摸到悬挂在高处的小球。

   师："到达终点的宝宝快快站起来，摸一摸彩色的小球。家长要及时鼓励站起来并摸到小球的宝宝。"

3. 给每位家长一个彩色小球，家长拿着球倒退着爬，并鼓励宝宝追逐着家长手里的小球往前爬。

   师："宝宝快快往前爬，去摸一摸爸爸（妈妈）手里的小球。"

4. 教师指导家长，当宝宝快要摸到小球时，家长要将小球举高，鼓励宝宝站起来摸球。家长可以帮助宝宝站起来，当宝宝摸到球时也要及时给予鼓励。

5. 家长将小球交还给教师，并与宝宝坐在原地休息。

给家长的指导

本次活动是让宝宝体验从爬行到站立的过程。用小球作为目标物来吸引宝宝的注意力，同时不断用语言刺激，让他在玩的过程中得到体验。在家里也可进行类似的游戏，需要注意的是，爬行的时间要长于站立的时间，不用过多地强调站立。

给教师的建议

本次活动的难点有两个，一是如何持续性地吸引宝宝不断往前爬，这就需要有宝宝感兴趣的目标物和持续的语言激励。二是对于宝宝站立的过程不要强求，宝宝即使站不起来也没有关系，并可以提示家长帮助宝宝站起来。这一点一定要让家长知晓，并保持平和的心态。

舒缓放松　舒缓按摩

活动准备

1. 实物：玩具娃娃。
2. 推荐音乐：《勃拉姆斯摇篮曲》。

活动过程

1. 播放音乐《勃拉姆斯摇篮曲》。
2. 家长将宝宝放在身前，围坐成半圆。
3. 教师手持玩具娃娃做示范，带领家长为宝宝按摩。

示范内容

1. 家长双手轻捏宝宝的双手和双臂，顺序为手指、手掌、小臂、大臂。
2. 家长双手轻捏宝宝的双脚和双腿，顺序为脚趾、脚掌、小腿、大腿。可反复进行。

第五周

第五周课程预览

课程结构	活动流程	活动名称	时　长
第一部分	趣味热身	间奏曲	5 分钟
	亲子游戏	划船 1	10 分钟
	探索发现	形状配对绕珠	5 分钟
	休　　息		10 分钟
第二部分	运动时光	追球游戏	10 分钟
	舒缓放松	儿歌按摩	5 分钟

第一部分

趣味热身　间奏曲

活动准备

实物：浴巾每个家庭一条、玩具娃娃一个。

活动过程

1. 教师与家长分别坐在浴巾上，围坐成一个圆圈。宝宝坐在家长身前或腿上。

   师：“请家长每人取一条浴巾坐下，让宝宝坐在您的身前或腿上，我们帮助宝宝活动活动身体吧！”

2. 播放音乐《间奏曲》，教师跟随音乐节奏示范动作，家长模仿教师动作，帮助宝宝放松身体。

示范内容

1. 家长把宝宝放躺在浴巾上，双手拉着宝宝的双手，做双臂交叉拥抱自己状。
2. 家长拉着宝宝的双手往上举，再放下。
3. 家长握住宝宝的双脚，抬起，让宝宝的双脚够到自己的小鼻子，再放下。
4. 家长拉住宝宝的双手，轻轻往上拉，直到宝宝站立，再轻轻让宝宝坐下。
5. 接上一个动作，宝宝站立后，家长双手扶住宝宝的腋下，做跳跃状。

备注：热身环节是所有活动的第一个环节，一学期要重复安排这一内容，在多次重复中给宝宝建立开始的信号。

亲子游戏 划船 1

活动目标

1. 能简单模仿划船的动作。
2. 初步感受音乐的渐快风格。

活动准备

1. 实物：彩色纱巾每人一条、彩虹绳每人一条（可用长松紧带两头缝制在一起，外面缝制彩色布料包裹松紧带）、按摩刺球每人一个（可用其他小玩具或小球代替）。
2. 推荐音乐：《划船》。

活动过程

1. 请宝宝坐在家长的腿上，倾听和感受音乐《划船》。家长需跟随教师提示有节奏地上下晃动双腿，让宝宝感受音乐的节奏和旋律。

   师：“请宝宝坐在家长的腿上，家长跟随音乐的节奏上下晃动双腿，宝宝坐在家长的小船里一起来划船！”

2. 教师出示彩虹绳，请家长和宝宝一起拉着彩虹绳，围成一个圆圈坐好。教师示范划船动作，家长引导宝宝模仿教师动作。

   师：“我为大家带来了彩虹绳，宝宝和家长一起握住它，我们坐在彩色的大船里，划呀划……家长的双臂要放在宝宝手的两侧来保护宝宝，宝宝需要帮助的话，家长也可以握住宝宝的手。”

3. 教师播放音乐《划船》，家长与宝宝跟随音乐有节奏地拉动彩虹绳，模仿划船的动作。

   师：“现在我们跟着好听的音乐一起来划船喽！宝宝只要能握住彩虹绳就可以，家长一定要有意识地跟随音乐节奏来带动宝宝做动作，让宝宝在划动的过程中感受音乐的节奏和旋律。”

4. 教师出示纱巾和按摩球，并分发给每组家庭一套。家长和宝宝分别握住纱巾的两个角，中间放入按摩球，尝试轻轻晃动纱巾。

   师：“宝宝划船真好玩，小球也想来划船！请家长和宝宝分别握住纱巾的两个角，并在纱巾中放入小球，轻轻晃动纱巾，让小球的船动起来。”

5. 教师播放音乐《划船》，家长与宝宝跟随音乐有节奏地晃动纱巾。

师：“小球的船跟着音乐划起来，荡荡悠悠，真好玩。”

6. 活动结束，家长协助宝宝将玩具送回到教师指定的地方。

给家长的指导

《划船》的音乐特点，就是节奏越来越快，家长在和宝宝互动的过程中，经常会因为节奏越来越快，而掌握不好自己的力度，所以一定注意安全，不要伤害到宝宝。音乐活动中，通过在家长的腿上晃动、彩虹绳游戏、纱巾与球的配合，让宝宝感受到节奏越来越快，所以家长的动作幅度要大一点。

给教师的建议

本节多种教具的出现和使用需要教师跟家长提好要求，在确保宝宝安全的情况下，让宝宝先探索一下。教师要根据情况进行及时调整，如我们希望宝宝抓住纱巾两个角，但往往宝宝不愿意抓纱巾、随便抓住纱巾，或者宝宝不抓的时候，我们可以让家长拿着纱巾有节奏地触碰宝宝头部，宝宝大把抓住纱巾的时候，家长可以直接轻轻拍打宝宝的身体，让宝宝自己探索纱巾。

探索发现　形状配对绕珠

活动目标

1. 观察图形放入相匹配的盒子。
2. 发展观察能力和手眼协调能力。

活动准备

实物：形状配对绕珠玩具每人一个（可用常见的形状对应盒或不同形状的小积木与有对应形状镂空盖子的盒子代替）。

活动过程

1. 教师出示形状配对绕珠玩具，取出形状猫头鹰，向家长和宝宝展示教具的形状并说出名称，然后找到盒子上与手中教具形状对应的入口，对准放入，玩具发出小鸟叫声。将剩下所有形状按相同方法操作放入，完成示范操作。教师向家长简单介绍本次探索活动的重点和目的。

   师："我来帮形状猫头鹰找到家，宝宝看看我是怎么做的？猫头鹰回到家好开心呀！今天的探索活动重点是让宝宝能主动抓握和有投放的意识，不要求宝宝做好精准对应，所以家长在宝宝探索时可帮助宝宝指引对应的入口，但要给宝宝留出尝试的时间，让宝宝可以在不断的尝试中去学习、去收获。"

2. 教师发放给每个家庭一个形状配对绕珠玩具，宝宝操作和探索形状配对绕珠玩具，家长协助和引导宝宝。

   师："现在请家长协助宝宝将形状猫头鹰取出，让宝宝帮助猫头鹰回家吧！"

3. 教师重点观察宝宝动作完成的情况及家长与宝宝互动情况，适时给予指导。教师应引导家长用动作和语言多次示范，引导宝宝观察模仿。

4. 活动结束，家长协助宝宝将玩具送到教师指定的地方。

给家长的指导

本次探索活动主要是通过颜色、声音和触觉体验来吸引宝宝尝试探索，发展宝宝的观察能力和手眼协调能力。我们可以看到宝宝对探索活动是非常感兴趣的。只要宝宝在探索活动中能一直持续专注地操作教具，家长就要保护宝宝的专注力，不要打断他，也不要急于帮助他。在家里和宝宝玩类似游戏的时候，也要尽量保护宝宝做事情的专注力。

给教师的建议

这个教具对宝宝来说，有一定的挑战性。因为宝宝年龄小，小肌肉的控制能力较弱，经常看到宝宝在探索中，颤颤巍巍地使劲往里塞，又塞不进去。家长会经常在一边着急地说：“不对，你放得不对，正方形的东西要放到正方形里。”我们可以指导家长，宝宝每次拿起一个图形，尝试几次放不进去之后，可以把不是对应的两个图形洞口堵上，留下正确的，这样就降低了难度，让宝宝尝试塞进去，如果宝宝能将其投放进去，已经非常了不起了。

休息时间：背景音乐《小星星》
幼儿喝水、如厕，教师面向集体分享育儿方法
或与个别家长做沟通反馈。

第二部分

运动时光　追球游戏

活动目标

1. 巩固在有帮助条件下站立的能力。
2. 提升对身体的控制能力。

活动准备

实物：宝宝触觉爬行软垫两组（可用软垫或地毯代替）、软质篮球每人一个。

活动过程

1. 教师手持一个软质篮球，面对家长和宝宝。展示手中的篮球，吸引宝宝的注意力。

   师：“宝宝们看，老师手里拿的是什么？是一个好玩的球。”

2. 教师手持球，弯下腰，用球吸引宝宝，倒退着在爬行垫上走，并鼓励家长带动宝宝爬过来追球。

   师：“宝宝们快快爬过来，爬过来摸一摸好玩的球。家长们一定要大声鼓励宝宝往前爬，不到终点，鼓励的声音不要停下！”

3. 家长和宝宝一起追着教师手里的球往前爬，爬到教室的另一边后，教师将手中的球举高，高度是宝宝站立起来伸手就能摸到的位置，并引导家长帮助宝宝站起来。

   师：“宝宝站起来就能摸到好玩的球了。家长要用语言不断鼓励宝宝站起来，也可以先扶着他站起来再尝试松手，但是一定要确保不要让宝宝摔跤。”

4. 宝宝在家长的帮助下站起来，并尝试用手摸到放在高处的球。教师鼓励站起来的宝宝，并提示家长继续用语言鼓励。

   师：“你真棒！都能自己站起来了！家长们也要不断用语言鼓励宝宝。”

5. 教师发给每位家长一个软质篮球，请家长模仿刚才教师的方式引导宝宝爬行和尝试站立。

6. 家长将球交还给教师，并与宝宝坐在原地休息。

给家长的指导

本次活动是上一次活动的延伸，目标还是帮助宝宝建立从爬行到站立的意识和习惯。不过这次出现的球大了一圈，目标物发生了变化，更加吸引宝宝的注意力。同时，家长的不断鼓励和陪伴也是非常重要的。这个过程，最重要的就是帮助宝宝体验站立起来的成功感，逐渐乐于尝试独自站立。

给教师的建议

本次活动的目标与上一次活动基本相同，最重要的是让家长不断地用语言鼓励，并做好陪伴的工作。因此，教师也需要在课程中不断鼓励家长，强化他们正确的行为，使得家长协助教师共同完成课程。

舒缓放松　儿歌按摩

活动准备

1. 实物：玩具娃娃。
2. 推荐音乐：《勃拉姆斯摇篮曲》。

活动过程

1. 播放音乐《勃拉姆斯摇篮曲》。
2. 家长将宝宝放在身前，围坐成半圆。
3. 教师手持玩具娃娃做示范，带领家长为宝宝按摩。
4. 教师一边示范按摩，一边唱出儿歌。可反复进行。

师："秋风吹，树枝摇，小宝宝，要睡觉。"

示范内容

1. 家长双手轻捏宝宝的双手和双臂，顺序为手指、手掌、小臂、大臂。
2. 家长双手轻捏宝宝的双脚和双腿，顺序为脚趾、脚掌、小腿、大腿。
3. 以上动作可反复进行。

6

第六周

第六周课程预览

课程结构	活动流程	活动名称	时长
第一部分	趣味热身	间奏曲	5 分钟
	亲子游戏	划船 2	10 分钟
	探索发现	捕鱼袋	5 分钟
休息			10 分钟
第二部分	运动时光	好玩的大圆球	10 分钟
	舒缓放松	儿歌按摩	5 分钟

第一部分

趣味热身　间奏曲

活动准备

实物：浴巾每个家庭一条、玩具娃娃一个。

活动过程

1. 教师与家长分别坐在浴巾上，围坐成一个圆圈。宝宝坐在家长身前或腿上。

   师："请家长每人取一条浴巾坐下，让宝宝坐在您的身前或腿上，我们帮助宝宝活动活动身体吧！"

2. 播放音乐《间奏曲》，教师跟随音乐节奏示范动作，家长模仿教师动作，帮助宝宝放松身体。

示范内容

1. 家长把宝宝放躺在浴巾上，双手拉着宝宝的双手，做双臂交叉拥抱自己状。
2. 家长拉着宝宝的双手往上举，再放下。
3. 家长握住宝宝的双脚，抬起，让宝宝的双脚够到自己的小鼻子，再放下。
4. 家长拉住宝宝的双手，轻轻往上拉，直到宝宝站立，再轻轻让宝宝坐下。
5. 接上一个动作，宝宝站立后，家长双手扶住宝宝的腋下，做跳跃状。

备注：热身环节是所有活动的第一个环节，一学期要重复安排这一内容，在多次重复中给宝宝建立开始的信号。

亲子游戏　划船 2

活动目标

1. 能简单模仿划船的不同动作。
2. 进一步感受音乐的渐快风格。

活动准备

1. 实物：彩虹伞一个、串铃每人一个（可用其他散响类乐器或自制散响乐器代替）。
2. 推荐音乐：《划船》。

活动过程

1. 教师播放音乐《划船》，家长抱着宝宝，跟随教师的简单指令有节奏地晃动，让宝宝感受音乐的节奏和旋律。

   师："今天我们继续来玩划船的游戏。请家长抱起宝宝，跟随音乐的节奏轻轻晃动，跟随我的提示前进、后退、转身、向中间走等，让宝宝在家长爱的小船里感受音乐的节奏和优美旋律。"

2. 教师出示彩虹伞，引导家长和宝宝一起拉住彩虹伞边缘并围坐成椭圆形。教师引导家长和宝宝拉住彩虹伞尝试模仿划船的动作。

   师："请宝宝和家长一起拉住彩虹伞的边缘围成椭圆形坐下。这是一条彩色的小船，宝宝和家长一起来划船，请你像我一样划动起来。"

3. 教师播放音乐《划船》，家长和宝宝跟随音乐有节奏地拉动彩虹伞，身体也随动作晃动，模仿划船的动作。

   师："请你抓紧小船边缘准备好，我们的小船要出发啦！在此过程中，家长要用身体去带动宝宝，您的动作一定要尽可能夸张，这样宝宝才能有深刻感受。"

4. 宝宝与家长放下彩虹伞，坐在彩虹伞的边缘。教师出示乐器串铃，晃动串铃，发出声音，吸引宝宝注意力。教师发放给每个家庭一个串铃，家长协助宝宝探索乐器串铃。

   师："划呀划呀划小船，一划划到大海边。请家长带宝宝坐在彩虹伞的边缘，来看看我带了什么好玩的乐器？这是串铃。宝宝来试试让串铃发出好听的声音吧！”

5. 教师播放音乐《划船》，家长引导宝宝有节奏地晃动串铃，尝试为乐曲伴奏。

师：“现在我们来使用串铃为乐曲伴奏了，请准备好你的乐器。宝宝只要能让串铃发出声音、乐于参与，就是很棒的表现了。而家长一定要和教师一起跟着音乐的节奏为乐曲伴奏，让宝宝在听觉上、视觉上都能感知到。”

6. 活动结束，家长协助宝宝将教具送到教师指定的地方。

给家长的指导

今天的音乐活动主要通过身体动作、彩虹伞和乐器串铃等形式让宝宝再次感受乐曲《划船》的节奏和优美旋律，简单模仿划船的动作。在活动中，家长一定要放开自我，用您的眼神和肢体去带动宝宝，您积极的态度和夸张的动作表情一定会帮助宝宝更快获得快乐体验。

给教师的建议

一般用同首音乐设计两次活动的时候，第二次活动对教师设计课程和驾驭课程的能力有更高的要求。否则，会让家长觉得本次活动没有惊喜、没有激情。在活动中教师每一个环节的衔接要自然紧凑，要更有激情、更夸张，从而吸引家长和宝宝的兴趣，不能让第二次活动给人拖拉的感觉。

探索发现　捕鱼袋

活动目标

1. 学习抛扔的动作，能观察和感知到自己的动作让物体发生位移。
2. 体验亲子游戏带来的快乐。

活动材料

实物：捕鱼袋每人一套（可用常见的盒子和无纺布缝制的鱼代替）、彩虹伞（直径3米）一个。

活动过程

1. 教师在场地中将彩虹伞铺平，并邀请家长带宝宝用双手抓握彩虹伞，围坐在彩虹伞的边缘，根据教师指令轻轻抖动彩虹伞，创设海浪的情景。

   师："今天我带宝宝玩捕鱼的小游戏，请家长带宝宝双手抓握住彩虹伞，围坐在彩虹伞的边缘。现在请听我口令，我们一起抖一抖，哇，起浪了！"

2. 教师出示捕鱼袋玩具，从瓶中取出一条鱼，用力抛扔到彩虹伞中。教师分发给每个家庭一套捕鱼袋玩具，并向家长简单介绍本次探索活动的重点和目的。

   师："我有一袋鱼，我要用力把它们抛到大海里，嗖！今天的探索活动重点是让宝宝练习抛扔的动作。将鱼抛扔到彩虹伞中，能够锻炼宝宝的大肌肉力量、促进手眼协调能力。家长要鼓励宝宝大胆尝试，在前期可用您夸张的动作来带动宝宝学习抛扔，随后多鼓励宝宝独立进行。"

3. 宝宝开始操作和抛扔教具，家长进行协助和指导。教师与宝宝一同抛扔，并关注宝宝抛扔的情况，适时给予语言提示。

4. 当宝宝将捕鱼袋中的鱼全部抛扔到彩虹伞中后，家长跟随教师指令抖动彩虹伞，使伞中的鱼跳动起来。

   师："宝宝瓶里的鱼都到大海里啦！请家长和我一起抖动彩虹伞，让伞中的鱼跳起来！"

5. 教师邀请宝宝爬到彩虹伞中间，将鱼一条一条装回到自己的捕鱼袋中。宝宝装完后爬出彩虹伞，继续抛扔，游戏可重复进行两至三次。

6. 活动结束，家长协助宝宝将玩具送到教师指定的地方。

给家长的指导

在本次探索活动中，通过取出、抛扔、装入等动作，发展宝宝手眼协调能力，锻炼宝宝大肌肉的力量。观看伞中小鱼跳动，对宝宝来说是一种视觉冲击，从而刺激了宝宝的视觉神经。宝宝是非常喜欢这个游戏的，家长在家里可以在床单里放一些较轻的玩具，比如乒乓球、圆球或其他小塑料玩具，和宝宝在家里一起重复做这个游戏。

给教师的建议

因彩虹伞对宝宝的视觉神经刺激比较大，所以在抖动彩虹伞的时候，教师要提醒家长，动作不宜太大。宝宝看见彩虹伞的时候很兴奋，会尝试着也抓住彩虹伞抖动，教师要提醒家长把注意力放在宝宝身上，帮助宝宝保持好身体的平衡，确保宝宝安全。宝宝一般在抖几下之后，就不再“研究”彩虹伞，而是把兴趣转移到伞上的“海洋生物”，宝宝会爬到伞上抓“鱼”。教师可以引导家长抱回宝宝，用捕鱼袋来转移宝宝注意力。最后需要宝宝爬进彩虹伞的时候，教师要及时出现在伞中间，确保宝宝的安全。

休息时间：背景音乐《小星星》

幼儿喝水、如厕，教师面向集体分享育儿方法

或与个别家长做沟通反馈。

第二部分

运动时光　好玩的大圆球

活动目标

1. 锻炼独自站立的能力。
2. 体验亲子游戏的乐趣。

活动准备

实物：大圆球每人一个。

活动过程

1. 教师发给家长每人一个大圆球，并指导家长将球往前推，同时鼓励宝宝来追球。

   师："家长们要用语言不断地鼓励宝宝，同时用声音和大圆球吸引宝宝的注意力，让他往球的方向爬。"

2. 家长和宝宝一起追着球往前爬，爬到球的位置后，家长帮助宝宝扶着大圆球站起来。

   师："家长在宝宝成功站起来后一定要有语言上的鼓励。"

3. 教师指导家长倒退着带球走，并用声音吸引宝宝追逐球往前爬。

   师："家长要不断给予宝宝语言的鼓励，同时您的声音也会吸引他的注意力。"

4. 宝宝追到球后，家长帮助宝宝扶着球站起来。

   师："家长在宝宝成功站起来后一定要有语言上的鼓励！"

5. 家长将大圆球交还给教师，并与宝宝坐在原地休息。

给家长的指导

本次活动是在前几次活动的基础上，着重于亲子情感的互动，因此整节课的内容都是在家长与宝宝的互动基础上完成的。目标还是帮助宝宝建立从爬行到站立的意识和习惯，不过这次出现的球更大了。而游戏过程中，家长的语言引导是非常重要的环节。通过语言的不断激励，让宝宝获得站立的成功感，并开始乐于尝试探索。

给教师的建议

本次活动的形式与前几次相比，最大的不同就是课程中更多地体现了家长与宝宝的亲子互动。因此，本次活动最重要的是家长与宝宝的互动过程，在完成情感互动的基础上继续锻炼和巩固宝宝的爬行能力和站立能力。

舒缓放松　儿歌按摩

活动准备

1. 实物：玩具娃娃。
2. 推荐音乐：《勃拉姆斯摇篮曲》。

活动过程

1. 播放音乐《勃拉姆斯摇篮曲》。
2. 家长将宝宝放在身前，围坐成半圆。
3. 教师手持玩具娃娃做示范，带领家长为宝宝按摩。
4. 教师一边示范按摩，一边唱出儿歌。可反复进行。

师：“秋风吹，树枝摇，小宝宝，要睡觉。”

示范内容

1. 家长双手轻捏宝宝的双手和双臂，顺序为手指、手掌、小臂、大臂。
2. 家长双手轻捏宝宝的双脚和双腿，顺序为脚趾、脚掌、小腿、大腿。
3. 以上动作可反复进行。

第七周

第七周课程预览

课程结构	活动流程	活动名称	时长
第一部分	趣味热身	间奏曲	5 分钟
	亲子游戏	翁吧吧 1	10 分钟
	探索发现	昆虫瓶	5 分钟
	休息		10 分钟
第二部分	运动时光	陀螺游戏 1	10 分钟
	舒缓放松	陀螺按摩	5 分钟

第一部分

趣味热身　间奏曲

活动准备

实物：浴巾每个家庭一条、玩具娃娃一个。

活动过程

1. 教师与家长分别坐在浴巾上，围坐成一个圆圈。宝宝坐在家长身前或腿上。

   师："请家长每人取一条浴巾坐下，让宝宝坐在您的身前或腿上，我们帮助宝宝活动活动身体吧！"

2. 播放音乐《间奏曲》，教师跟随音乐节奏示范动作，家长模仿教师动作，帮助宝宝放松身体。

示范内容

1. 家长把宝宝放躺在浴巾上，双手拉着宝宝的双手，做双臂交叉拥抱自己状。
2. 家长拉着宝宝的双手往上举，再放下。
3. 家长握住宝宝的双脚，抬起，让宝宝的双脚够到自己的小鼻子，再放下。
4. 家长拉住宝宝的双手，轻轻往上拉，直到宝宝站立，再轻轻让宝宝坐下。
5. 接上一个动作，宝宝站立后，家长双手扶住宝宝的腋下，做跳跃状。

备注：热身环节是所有活动的第一个环节，一学期要重复安排这一内容，在多次重复中给宝宝建立开始的信号。

亲子游戏　翁吧吧 1

活动目标

1. 初步感受三拍子的音乐。
2. 喜欢与家长一起参与音乐活动。

活动准备

1. 实物：毛绒玩具小熊每人一个（可用其他动物的毛绒玩具代替）、铃鼓每人一个（可用铃铛或豆类装瓶自制小乐器代替）。
2. 推荐音乐：《翁吧吧》。

活动过程

1. 教师出示毛绒玩具小熊，并分发给每个家庭一个。宝宝双手抱小熊玩具坐在家长的腿上，家长与教师围坐成一个圆。

   师："请家长让宝宝坐在您的腿上，宝宝抱着小熊或让小熊坐在宝宝的腿上。"

2. 教师播放音乐《翁吧吧》后，家长扶好宝宝跟随音乐和教师的提示有节奏地上下晃动双腿（强拍时大幅度晃动，弱拍时小幅度晃动）。宝宝双手抱好玩具小熊，在家长腿上感受音乐的节拍。

   师："家长抱着宝宝，宝宝抱着小熊，翁吧吧，翁吧吧，我们一起做游戏。请家长跟随音乐的节拍（强弱弱）晃动您的双腿，强拍时大幅度晃动，弱拍时小幅度晃动，让宝宝在您身体的带动下，被动感受三拍子音乐的欢快。"

3. 教师出示乐器铃鼓，并发放给每个家庭一个。家长协助和引导宝宝探索铃鼓，尝试用手拍铃鼓。

   师："这是铃鼓，我们的好朋友，它可以发出好听的声音。宝宝用小手拍一拍，也可以用你自己的方式去让它发出声音。请家长协助宝宝握住铃鼓，或者也可以您握住铃鼓，让宝宝用双手来探索。每当我们给宝宝提供新事物的时候，在保证安全的前提下，我们要尽可能提供这样的机会和耐心，让宝宝有自主探索的时间，培养和保护宝宝的好奇心与专注力。”

4. 教师播放音乐《翁吧吧》后，宝宝在家长协助下有意识地跟随音乐拍击铃鼓。

师：“现在让我们一起拍拍铃鼓，为好听的歌曲伴奏吧！家长要用您的动作来带动宝宝，协助和鼓励宝宝去拍击铃鼓。家长拍铃鼓时一定要跟随节奏去拍，加深宝宝对音乐的感受。”

5. 请家长抱着宝宝站立在场地中间。教师播放音乐《翁吧吧》后，家长跟随音乐及教师的提示有节奏地走动（前进、倒退、转圈、集中、分散等）。

师：“翁吧吧，翁吧吧，我们一起跳舞吧！请家长抱着宝宝站立起来，我们围成一个圆圈，音乐响起后，请您跟随音乐节奏和我的提示，我们一起带宝宝跳跳舞。”

6. 音乐结束，活动自然结束。

给家长的指导

《翁吧吧》是一首节奏欢快、旋律优美的三拍子歌曲。在活动中，我们通过不同形式的游戏，让宝宝初次尝试感受三拍子的音乐。长期给宝宝听旋律优美、舒展的音乐，能够刺激宝宝大脑和神经，使宝宝身心都能健康成长。所以，在家里家长可以多为宝宝播放我们活动中播放过的音乐，也可以为宝宝挑选一些钢琴名曲来听，增加生活中对音乐的感受。

给教师的建议

教师组织本次活动时，要用夸张的肢体动作来诠释三拍子强弱弱的音乐特点。这首音乐也是有歌词的，所以教师要能熟练地清唱歌曲。在课程中，宝宝有可能不会跟着教师的要求去打击乐器，注意提醒家长，不用强求宝宝必须拍打乐器。这首歌曲可以重复多次学习。

探索发现　昆虫瓶

活动目标

1. 发展手眼协调能力和观察能力。
2. 能用抓握的方式取出和投放昆虫模型。

活动材料

实物：昆虫瓶教具每人一组（可使用大口径瓶子或用其他适合抓握的玩具代替）。

活动过程

1. 教师出示昆虫瓶教具，先仔细观察，然后将瓶中的昆虫模型逐一抓握出来，散放在瓶子周围，最后将取出的昆虫模型用抓握的方式放回瓶中。
2. 教师发放给每个家庭一组昆虫瓶教具，并向家长简单介绍本次探索活动的重点和目的。

   师：“本次探索活动主要是让宝宝进行抓握练习，能将玩具拿出来、放进去，促进宝宝手指的灵活性和手眼协调能力。家长在指导宝宝的时候，要多鼓励宝宝独立探索，但不是不管不顾，在宝宝自己可以专注操作的时候，我们要耐心观察他动作的细节或流畅度；在他注意力不集中的时候，可以作为玩伴带动宝宝继续探索。各种各样的小昆虫飞出来、飞进去，宝宝你来试一试！”
3. 宝宝在家长的鼓励和指导下操作和探索教具，家长观察和指导宝宝探索。教师重点观察宝宝动作完成的情况及家长与宝宝互动的情况，适时给予指导。
4. 活动结束，家长协助宝宝将玩具送到教师指定的地方。

给家长的指导

本次探索活动主要是让宝宝通过抓握练习，能将玩具拿出来、放进去，促进宝宝手指的灵活性和手眼协调能力。7—12个月年龄段的宝宝对抓握动作练习是非常感兴趣的，越小的宝宝进行的动作练习越多，越能促进宝宝动作的成熟、促进大脑的发育。所以在家庭里，家长也要给宝宝提供丰富的材料和机会，让宝宝能充分地练习抓握动作。

给教师的建议

在探索过程中，宝宝经常会把所有的昆虫取出来之后，就不放回去，教师要适时指导家长，可以抓着宝宝的小手将地上的昆虫捡起来放进容器里。宝宝放进之后，会因为自己的一次成功投进而无比兴奋，从而开始重复投放的动作。

休息时间：背景音乐《小星星》
幼儿喝水、如厕，教师面向集体分享育儿方法
或与个别家长做沟通反馈。

第二部分

运动时光　陀螺游戏 1

活动目标

1. 刺激前庭觉的发展。
2. 发展独立意识。

活动准备

实物：内有垫布的大陀螺每人一个。

活动过程

1. 教师发给每位家长一个大陀螺，请家长陪伴宝宝摸一摸、看一看大陀螺。

   师："请家长们和宝宝们先认识一下大陀螺玩具，消除宝宝对于教具的陌生感。"

2. 请家长将宝宝抱到陀螺里，让宝宝躺在里面，家长有节奏地轻轻摇晃大陀螺。

   师："摇一摇，摇一摇，一摇摇到外婆桥。请家长们一边摇，一边用儿歌吸引宝宝的注意力。"

3. 请家长加大摇晃的力度，同时说儿歌，并用目光时刻关注宝宝。

   师："家长在说儿歌的同时加大一点力度，让宝宝稍微有一点眩晕的感觉。如果宝宝不适，可以马上停止并安抚。"

4. 请家长让宝宝坐在陀螺上，家长在一旁扶住陀螺，引导宝宝自己尝试摇晃，或爬进爬出。

   师："当宝宝完成一个动作时，比如爬进来或爬出去，家长要及时给予语言上的鼓励。"

5. 请宝宝躺在大陀螺上休息，游戏结束，准备放松活动。

   师："今天的放松活动在大陀螺里进行，请宝宝们闭上眼睛。"

给家长的指导

本次活动我们认识了一个新的教具——大陀螺。大陀螺是发展宝宝前庭觉的重要教具。因为是第一次活动，所以我们今天没有让宝宝感受剧烈的旋转，主要是让宝宝先认识它、接受它。之后的活动中会逐渐增加旋转的强度。记住，正常人对于长时间的旋转都是有眩晕感的。因此，如果宝宝感到不适，是正常现象，此时要及时停止旋转并安抚。

给教师的建议

大陀螺是感统训练的经典教具，主要用来发展宝宝的前庭觉。今天是第一次活动，所以强度不要太大，先以宝宝认识它、家长了解它为主要目的。在课程中可以让宝宝体验到轻微的摇晃和旋转，待下次课再加大强度。

舒缓放松　陀螺按摩

活动准备

1. 实物：玩具娃娃、内有垫布的大陀螺每人一个。
2. 推荐音乐：《勃拉姆斯摇篮曲》。

活动过程

1. 宝宝躺在大陀螺里。
2. 播放音乐《勃拉姆斯摇篮曲》。
3. 教师手持玩具娃娃做示范，带领家长为宝宝按摩。

示范内容

1. 家长双手轻捏宝宝的双手和双臂，顺序为手指、手掌、小臂、大臂。
2. 家长双手轻捏宝宝的双脚和双腿，顺序为脚趾、脚掌、小腿、大腿。
3. 以上动作可反复进行。

第八周

第八周课程预览

课程结构	活动流程	活动名称	时长
第一部分	趣味热身	间奏曲	5分钟
	亲子游戏	翁吧吧2	10分钟
	探索发现	拉线取物	5分钟
	休息		10分钟
第二部分	运动时光	陀螺游戏2	10分钟
	舒缓放松	陀螺按摩	5分钟

第一部分

趣味热身　　间奏曲

活动准备

实物：浴巾每个家庭一条、玩具娃娃一个。

活动过程

1. 教师与家长分别坐在浴巾上，围坐成一个圆圈。宝宝坐在家长身前或腿上。

   师："请家长每人取一条浴巾坐下，让宝宝坐在您的身前或腿上，我们帮助宝宝活动活动身体吧！"

2. 播放音乐《间奏曲》，教师跟随音乐节奏示范动作，家长模仿教师动作，帮助宝宝放松身体。

示范内容

1. 家长把宝宝放躺在浴巾上，双手拉着宝宝的双手，做双臂交叉拥抱自己状。
2. 家长拉着宝宝的双手往上举，再放下。
3. 家长握住宝宝的双脚，抬起，让宝宝的双脚够到自己的小鼻子，再放下。
4. 家长拉住宝宝的双手，轻轻往上拉，直到宝宝站立，再轻轻让宝宝坐下。
5. 接上一个动作，宝宝站立后，家长双手扶住宝宝的腋下，做跳跃状。

备注：热身环节是所有活动的第一个环节，一学期要重复安排这一内容，在多次重复中给宝宝建立开始的信号。

亲子游戏 翁吧吧2

活动目标

1. 感受三拍子音乐的特点。
2. 愿意与家长一起参与音乐游戏。

活动准备

1. 实物：毛绒玩具小熊每人一个（可用其他动物的毛绒玩具代替）、彩虹伞（直径3米）一个。
2. 推荐音乐：《翁吧吧》。

活动过程

1. 教师出示毛绒玩具小熊，并分发给每个家庭一个。宝宝双手抱小熊玩具坐在家长的腿上，同时家长与教师围坐成一个圆圈。

   师："请家长让宝宝坐在您的腿上，宝宝抱着小熊或让小熊坐在宝宝的腿上。"

2. 教师播放音乐《翁吧吧》后，家长扶好宝宝跟随音乐和教师的提示有节奏地上下晃动双腿（强拍时大幅度晃动，弱拍时小幅度晃动）。宝宝双手抱好玩具小熊，在家长腿上感受音乐的节拍。

   师："家长抱着宝宝，宝宝抱着小熊，翁吧吧，翁吧吧，我们再次一起玩。请家长跟随音乐的节拍（强弱弱）晃动您的双腿，强拍时大幅度晃动，弱拍时小幅度晃动，我们让宝宝再来熟悉音乐《翁吧吧》。"

3. 教师出示彩虹伞，在场地中间将伞铺平，邀请宝宝带着小熊爬到伞上面对家长坐好（宝宝抱着小熊或放下小熊都可以）。家长坐在彩虹伞边缘外，握住彩虹伞边缘，在教师的提示下轻轻抖动彩虹伞或停止抖动。

   师："我们带着小熊来玩彩虹伞游戏，请宝宝们爬到彩虹伞上吧！宝宝爬到你喜欢的颜色上坐下来，抱好小熊。现在请家长到宝宝的对面位置抓住彩虹伞边缘坐下来，跟随我的提示轻轻抖动彩虹伞（抖一抖、停下来）。"

4. 教师播放音乐《翁吧吧》后，家长跟随音乐节拍（强弱弱）抖动彩虹伞。

师："现在请宝宝将小熊放在伞上，跟着好听的音乐爬一爬、拍一拍伞，我们和小熊一起跳舞啦！请家长跟随音乐节拍抖动彩虹伞，力度要适中，让宝宝看到彩虹伞的抖动及小熊在伞上跳动的样子，感受彩虹伞带来的视觉冲击。"

5. 家长站立起来，帮助宝宝移动到彩虹伞中间，然后手握彩虹伞边缘，在教师的提示下抖动、提高边缘、慢慢将伞合上、快速打开等。教师再次播放音乐《翁吧吧》后，家长跟随音乐的三拍子（强弱弱）抖动彩虹伞，跟着教师的提示，在每个乐段的最后一个乐句时慢慢提高彩虹伞边缘并向中间合拢，合拢后快速打开，让宝宝能看到家长的笑脸。

师："请家长帮助和引导宝宝爬到伞中间，然后手握彩虹伞边缘站在宝宝的对面。我们和宝宝玩个藏猫猫！举起彩虹伞藏起您的脸，'不见了'；放下彩虹伞对宝宝笑一笑，'出现了'！现在我们跟着好听的音乐抖动彩虹伞，和宝宝一起玩游戏！"

6. 活动结束，家长协助宝宝将玩具送到教师指定的地方。

给家长的指导

今天的音乐活动中我们加入了彩虹伞游戏，让宝宝在愉快的游戏中感受音乐的欢快。彩虹伞游戏能对宝宝视觉产生冲击，促进宝宝视觉发展。简单的藏猫猫游戏也是宝宝非常喜欢的，将它结合在音乐活动中，更能引起宝宝的兴趣，给予宝宝快乐的游戏体验。在家庭中，家长可以使用颜色鲜艳的床单和宝宝一起进行今天的游戏。

给教师的建议

用同一首音乐进行第二次设计课程，需要教师依旧充满激情去完成。彩虹伞在视觉上会非常有冲击力，教师抖伞幅度不宜过大。彩虹伞游戏需要教师很强的组织能力，所以教师在课前一定要做好语言的梳理，保证语言简洁清晰。

探索发现　拉线取物

活动目标

1. 能拉动绳子，将绳子另一端的物品拉到面前。
2. 发展手眼协调能力，体验成功感。

活动材料

实物：带绳昆虫模型若干（也可用适合抓握的玩具系绳代替）。

活动过程

1. 教师出示三个系绳的昆虫模型，并将昆虫模型在正前方摆放成一横排，将昆虫模型的绳子拉直，绳子的另一端靠近自己。教师每次拉动一根绳子，通过慢慢拉动绳子，将自己前方的昆虫模型逐一拉到自己手中。

   师："小昆虫系长绳，我用小手拉一拉，拉呀拉呀拉呀拉，一直拉到我面前。"

2. 教师发放给每位家长一组带绳昆虫模型，并向家长简单介绍本次探索活动的重点和目的。

   师："今天我们带宝宝来玩拉绳取物的游戏，主要是让宝宝学习拉的动作，通过拉绳去够取远处的物品，同时也能促进宝宝的手眼协调能力。家长在宝宝探索时，可协助宝宝将昆虫模型摆放到他的前方，开始时要多提示并给宝宝示范拉的动作，后期多鼓励宝宝独立进行探索。"

3. 宝宝开始自主操作和探索玩具，家长引导和协助宝宝探索。教师观察宝宝探索情况及家长与宝宝的互动情况，适时给予指导。
4. 活动结束，家长协助宝宝将玩具送回到教师指定的地方。

给家长的指导

今天的探索活动主要是让宝宝学习拉的动作和拉绳取物的技能，发展宝宝的手眼协调能力，体验参与游戏的乐趣。在家庭中，家长可以为宝宝提供不同材质、不同长度的绳子，系在他喜欢的玩具上，让宝宝继续练习拉的动作。越小的宝宝越喜欢重复，在宝宝专注地重复做一件事时，家长一定要有耐心，尽可能地给予支持，不要打断他的探索。

给教师的建议

活动中，宝宝拉绳子的特点是用一只手拉，一般此时家长就会着急地干预宝宝："你要用两只手拉。"教师一定要及时告诉家长，要给宝宝探索尝试的空间。宝宝在一只手拉的过程中遇到困难，就会自我调整，慢慢会发现两只手的合作能更快拿到玩具，这个过程是"儿童是有能力的学习者"的最好证明。

休息时间：背景音乐《小星星》
幼儿喝水、如厕，教师面向集体分享育儿方法
或与个别家长做沟通反馈。

运动时光　陀螺游戏 2

活动目标

1. 刺激前庭觉的发展。
2. 增进安全感。

活动准备

实物：内有垫布的大陀螺每人一个。

活动过程

1. 教师发给每位家长一个大陀螺，请家长将宝宝抱进陀螺里并躺好，然后轻轻地摇晃大陀螺。家长引导宝宝躺在陀螺里，有节奏地左右摇晃。

   师：“摇一摇，摇一摇，一摇摇到外婆桥。家长们的儿歌不要停，并用目光关注宝宝，争取用目光来跟宝宝互动。”

2. 请家长让宝宝坐在陀螺上，家长在一旁扶住陀螺，引导宝宝自己尝试摇晃，或爬进爬出。

   师：“当宝宝完成一个动作时，比如爬进来或爬出去，家长要及时给予语言上的鼓励。”

3. 请家长让宝宝在大陀螺中坐好，家长开始旋转大陀螺，并逐渐加快旋转的速度。如宝宝出现不适的状况，家长要及时停止旋转并安抚。

   师：“大陀螺，转起来，越转越快、越转越快……家长如果发现宝宝有不适的情况，一定要立即停止并安抚。”

4. 游戏结束，请家长让宝宝躺在大陀螺中休息，准备放松活动。

给家长的指导

大陀螺是经典的感统教具，它对于判断宝宝的前庭觉发展水平具有重要的参考意义。“久转而不眩晕”是一项感统失调的指标，因此在本次课程中也可以观察一下宝宝在旋转时的表现。如果宝宝在旋转一段时间后出现不适，是正常现象，此时家长应停止旋转并安抚。

给教师的建议

本次活动的要点是要控制好家长旋转大陀螺的速度。要循序渐进，开始不要转速太快，要让宝宝在活动中逐渐感受强度的增加，体验不同程度的眩晕感。当有宝宝出现不适时，既要及时提醒家长停止旋转，也要告知家长这是正常现象，不用过于担心。

舒缓放松　陀螺按摩

活动准备

1. 实物：玩具娃娃、内有垫布的大陀螺每人一个。
2. 推荐音乐：《勃拉姆斯摇篮曲》。

活动过程

1. 宝宝躺在大陀螺里。
2. 播放音乐《勃拉姆斯摇篮曲》。
3. 教师手持玩具娃娃做示范，带领家长为宝宝按摩。

示范内容

1. 家长双手轻捏宝宝的双手和双臂，顺序为手指、手掌、小臂、大臂。
2. 家长双手轻捏宝宝的双脚和双腿，顺序为脚趾、脚掌、小腿、大腿。
3. 以上动作可反复进行。

9

第九周

第九周课程预览

课程结构	活动流程	活动名称	时长
第一部分	趣味热身	间奏曲	5分钟
	亲子游戏	小花猫学本领	10分钟
	探索发现	斑马风琴	5分钟
	休息		10分钟
第二部分	运动时光	我是小斑马	10分钟
	舒缓放松	陀螺按摩	5分钟

第一部分

趣味热身　间奏曲

活动准备

实物：浴巾每个家庭一条、玩具娃娃一个。

活动过程

1. 教师与家长分别坐在浴巾上，围坐成一个圆圈。宝宝坐在家长身前或腿上。

   师：“请家长每人取一条浴巾坐下，让宝宝坐在您的身前或腿上，我们帮助宝宝活动活动身体吧！”

2. 播放音乐《间奏曲》，教师跟随音乐节奏示范动作，家长模仿教师动作，帮助宝宝放松身体。

示范内容

1. 家长把宝宝放躺在浴巾上，双手拉着宝宝的双手，做双臂交叉拥抱自己状。
2. 家长拉着宝宝的双手往上举，再放下。
3. 家长握住宝宝的双脚，抬起，让宝宝的双脚够到自己的小鼻子，再放下。
4. 家长拉住宝宝的双手，轻轻往上拉，直到宝宝站立，再轻轻让宝宝坐下。
5. 接上一个动作，宝宝站立后，家长双手扶住宝宝的腋下，做跳跃状。

备注：热身环节是所有活动的第一个环节，一学期要重复安排这一内容，在多次重复中给宝宝建立开始的信号。

亲子游戏　小花猫学本领

活动目标

1. 尝试并学习跟随音乐拍击铃鼓。
2. 体验参与音乐活动的乐趣。

活动准备

1. 实物：小猫手偶（可用小猫图片或模型代替）、铃鼓每人一个。
2. 推荐音乐：《小猫》。

活动过程

1. 教师出示小猫手偶，引出活动主题。教师介绍小猫，模仿小猫的动作和叫声。家长协助和引导宝宝模仿教师。

   师："有只小花猫，想要学本领，翘着小尾巴，学着猫妈妈，喵呜！喵呜！"

2. 请家长与宝宝面对面坐好。教师播放音乐《小猫》后，家长协助和引导宝宝有节奏地挥手并模仿小猫动作。后面教师清唱歌曲，帮助家长尽快学会歌词并用动作表演。

   师："请家长与宝宝面对面坐好，我们来跟着好听的歌声，学着小猫的样子喵喵叫，我们一起学本领！请家长来模仿我的动作，用您的动作和表情带动宝宝一起来模仿小花猫。"

3. 教师出示铃鼓，并分发给每个家庭一个。让宝宝先探索玩一下，然后跟随教师的提示和指令，家长和宝宝一起握住铃鼓，并引导宝宝用手拍击铃鼓。

   师："我带来了我们的乐器朋友铃鼓，现在请宝宝爬到我面前取一个铃鼓，然后坐回到爸爸妈妈的怀里，玩一玩，看一看。然后家长和宝宝一起握住铃鼓，引导宝宝用手拍拍铃鼓或用其他方式让铃鼓发出好听的声音。"

4. 教师播放音乐《小猫》，家长协助和引导宝宝尝试有节奏地拍击铃鼓。

   师："宝宝学会了拍铃鼓的本领，现在我们跟着好听的音乐来拍拍铃鼓，尝试为音乐伴奏。家长需要给宝宝正确的示范，但也要给宝宝自由发挥的空间，让宝宝能自主参与到活动中，只要宝宝不是在破坏乐器，能按您示范的方式或用自己的方式去敲击乐器都可以。过程中，多给宝宝一些肯定的眼神和表情，让宝宝能体验到成就感。”

5. 活动结束，家长协助和引导宝宝将乐器送回教师指定的地方。

给家长的指导

歌曲《小猫》的歌词简单、非常有童趣，并且旋律优美。在活动中通过说唱歌词和拍打铃鼓，让宝宝感受歌曲的节奏，并为歌曲“伴奏”。宝宝对乐器更多是探索和简单敲击，这是他在观察和探索新事物。学习如何正确使用乐器和为乐曲伴奏，需要宝宝多次参与活动并在不断的练习中逐步达成目标。在家里，家长可为宝宝准备常见的小乐器，多播放我们活动中使用过的音乐，让宝宝在家里练习。当然也要注意宝宝的兴趣，时间不宜过长。

给教师的建议

在活动组织中，提醒家长使用乐器时注意宝宝的安全。教师在乐器选择上要多花心思，如特别需要宝宝控制小肌肉力量的乐器或者特别细小的乐器，都不适合小宝宝操作。建议教师在乐器的选择上，以沙锤、沙蛋、铃鼓等简单操作的乐器为主，数量上保证每人一套就可以了。

探索发现　斑马风琴

活动目标

1. 能拉动斑马风琴，使其发出声音。
2. 提升手部肌肉的力量和灵活性。

活动准备

实物：斑马风琴每人一个（可用通过拉动而发出声音或有变化的玩具代替）。

活动过程

1. 教师出示斑马风琴，两手握住斑马风琴头和尾的拉手，双手向两边拉动，风琴发出声音。教师多次拉动，通过变化拉动力度和速度来改变斑马风琴声音的大小和长短。

   师："我是小斑马，样子有点怪，肚子能变化，而且很会唱！"

2. 教师向家长简单介绍本次探索活动的重点和目的，然后将所有斑马风琴教具摆放在家长围坐圆圈的中心区域。请宝宝爬到中间取一个斑马风琴，回到家长身边。

   师："今天探索活动中使用的是斑马风琴，主要是让宝宝练习拉的动作，锻炼宝宝手部肌肉的控制能力。家长在指导宝宝探索时，要给宝宝观察的时间，多鼓励宝宝自主探索，不要过早过多地干预。现在请宝宝爬到中间拿一个玩具，爬回到爸爸妈妈身边。"

3. 宝宝开始自由操作和探索，家长进行协助和引导。教师观察宝宝探索情况及家长与宝宝的互动情况，适时给予指导。

4. 活动结束，家长协助宝宝将玩具送回教师指定的地方。

给家长的指导

本次探索活动通过拉动斑马风琴，练习拉的动作。通过尝试改变拉动力度的大小和速度快慢使斑马风琴发出不一样的声音，刺激宝宝的听觉，激发宝宝的探索欲。宝宝对声音很敏感，也对悦耳的声音很感兴趣。在家里，家长可以用拍手、学动物的叫声、用能发出声音的玩具等来吸引宝宝的注意力，让宝宝寻找发声源，从而刺激宝宝的听觉。同时要注意对宝宝进行听觉刺激的声音和音乐一定要柔和、动听，而且不宜持续很长时间，否则宝宝很容易对此失去兴趣。

给教师的建议

在活动中，越小的宝宝出现的变数越多。宝宝不能跟着教师的要求去做是常见的现象。在探索活动中，经常会见到宝宝拿起某种玩教具，玩一下就不玩了。这时就需要教师的介入，教师可以引导家长，也可以直接介入，例如斑马风琴，宝宝拉一下就不再拉了，教师可以引导家长和宝宝一个拉头，一个拉尾巴，合作让斑马发出声音，也可以模仿斑马在地上走的样子，用拟人声音和宝宝聊天。

休息时间：背景音乐《小星星》
幼儿喝水、如厕，教师面向集体分享育儿方法
或与个别家长做沟通反馈。

第二部分

运动时光　我是小斑马

活动目标

1. 刺激前庭觉的发展。
2. 体验亲子游戏的乐趣。

活动准备

实物：内有垫布（条纹图样）的大陀螺每人一个。

活动过程

1. 教师请家长引导宝宝躺在陀螺里，由慢至快地旋转大陀螺。如宝宝出现不适，家长要及时停止并安抚。

   师："大陀螺，转起来！大陀螺，转起来！越转越快、越转越快……"

2. 让宝宝坐在陀螺里，家长跟随教师边说儿歌边将陀螺推向不同方向。此游戏可反复进行。

   师："我是小斑马，样子很奇怪，身上长条纹，跑得特别快。"

3. 请宝宝躺在大陀螺上休息，游戏结束，准备放松活动。

给家长的指导

本次活动是大陀螺游戏的延伸玩法。通过之前的活动，大家已经知道了大陀螺教具的意义和玩法。因此，今天用它来带大家做亲子游戏，让宝宝在游戏的过程中得到前庭觉的发展，同时还获得了亲子情感的增进。

给教师的建议

本次活动以"小斑马"游戏为主，利用大陀螺作为载体，既在活动中发展宝宝的前庭觉，又通过游戏帮助家长和宝宝增进亲子情感。因此本次活动的重点是通过游戏增进亲子情感，而不是感统方面的训练。

舒缓放松　陀螺按摩

活动准备

1. 实物：玩具娃娃、内有垫布的大陀螺每人一个。
2. 推荐音乐：《勃拉姆斯摇篮曲》。

活动过程

1. 宝宝躺在大陀螺里。

2. 播放音乐《勃拉姆斯摇篮曲》。

3. 教师手持玩具娃娃做示范，带领家长为宝宝按摩。

示范内容

1. 家长双手轻捏宝宝的双手和双臂，顺序为手指、手掌、小臂、大臂。

2. 家长双手轻捏宝宝的双脚和双腿，顺序为脚趾、脚掌、小腿、大腿。

3. 以上动作可反复进行。

第 十 周

第十周课程预览

课程结构	活动流程	活动名称	时 长
第一部分	趣味热身	间奏曲	5 分钟
	亲子游戏	捏拢放开	10 分钟
	探索发现	手电筒的乐趣	5 分钟
	休　　息		10 分钟
第二部分	运动时光	快乐障碍爬 1	10 分钟
	舒缓放松	儿歌按摩	5 分钟

第一部分

趣味热身　间奏曲

活动准备

实物：浴巾每个家庭一条、玩具娃娃一个。

活动过程

1. 教师与家长分别坐在浴巾上，围坐成一个圆圈。宝宝坐在家长身前或腿上。

   师："请家长每人取一条浴巾坐下，让宝宝坐在您的身前或腿上，我们帮助宝宝活动活动身体吧！"

2. 播放音乐《间奏曲》，教师跟随音乐节奏示范动作，家长模仿教师动作，帮助宝宝放松身体。

示范内容

1. 家长把宝宝放躺在浴巾上，双手拉着宝宝的双手，做双臂交叉拥抱自己状。
2. 家长拉着宝宝的双手往上举，再放下。
3. 家长握住宝宝的双脚，抬起，让宝宝的双脚够到自己的小鼻子，再放下。
4. 家长拉住宝宝的双手，轻轻往上拉，直到宝宝站立，再轻轻让宝宝坐下。
5. 接上一个动作，宝宝站立后，家长双手扶住宝宝的腋下，做跳跃状。

备注：热身环节是所有活动的第一个环节，一学期要重复安排这一内容，在多次重复中给宝宝建立开始的信号。

亲子游戏　捏拢放开

活动目标

1. 初步认知眼睛、鼻子、嘴巴。
2. 能初步根据歌曲内容模仿动作，跟家长互动。

活动准备

1. 实物：沙蛋每人一对（可用沙锤或自制散响类乐器代替）。
2. 推荐音乐：《捏拢放开》。

活动过程

1. 教师一边说歌词，一边做动作，家长引导和协助宝宝模仿教师动作（可重复两遍）。

   师："今天老师带来一首非常好玩的手指儿歌，你可以跟着我一起做哦。"

   示范内容：

   歌词："捏拢放开，捏拢放开。"

   （动作：教师双手握拳头，打开，再握拳头，打开。）

   歌词："小手拍一拍。"

   （动作：拍手两下。）

   歌词："爬呀爬呀爬呀爬，爬到头顶上。"

   （动作：双手五指抓，从脚开始往上爬，一直爬到头顶上。）

   歌词："这是眼睛，这是鼻子，这是小嘴巴。"

   （动作：伸出食指，指眼睛、鼻子、嘴巴。）

   歌词："啊啾。"

   （动作：双手捂住嘴巴，打个大喷嚏。）
2. 教师播放音乐《捏拢放开》，家长引导和协助宝宝模仿教师做动作。
3. 教师出示沙蛋，并分发给每个家庭一对沙蛋，鼓励宝宝爬到教师面前取沙蛋。

   师："今天我还给宝宝们带来了一个好玩的乐器，它的名字叫沙蛋。

请宝宝过来拿沙蛋吧！”

4. 教师播放音乐《捏拢放开》，用沙蛋来做游戏。

师：“我们跟着音乐节奏在宝宝身上敲一敲，爬一爬，让沙蛋和宝宝做游戏吧。”

示范内容：

“捏拢放开，捏拢放开”时，用沙蛋在宝宝身上轻敲再拿开。

“小手拍一拍”时，将两个沙蛋在一起敲一敲。

“爬呀爬呀爬呀爬，爬到头顶上”时，用沙蛋从宝宝的脚开始往上轻敲，一直敲到头顶上。

“这是眼睛，这是鼻子，这是小嘴巴”时，用沙蛋点点眼睛，点点鼻子，点点嘴巴。

“啊啾”时，双手捂住嘴巴做打喷嚏状。

5. 活动结束，家长引导宝宝将教具送回教师指定的地方。

给家长的指导

《捏拢放开》旋律欢快，歌词内容简单，非常适合亲子之间的互动。在活动中我们通过手指律动的形式让宝宝参与活动，初步感知眼睛、鼻子、嘴巴的位置，回家之后家长可以尝试创编，比如爬到身体其他部位，指认其他身体器官或者部位，帮助宝宝认识身体各个部位的名称。10个月年龄段以后就要告诉宝宝五官的名称了，可以从一个、两个开始。宝宝可能不会说，可以先从我们说名称、宝宝来指开始练习。

给教师的建议

活动开始建议教师不要音乐伴奏，先边说歌词边做动作，放慢语速，方便家长熟记。在清唱的环节，教师也需要从缓慢到正常速度引导家长和宝宝互动。歌曲最后的“啊啾”非常吸引宝宝，教师表情动作都要夸张地展示出来。

探索发现 手电筒的乐趣

活动目标

1. 主动用眼睛寻找手电筒光亮的位置及变化。
2. 提升观察能力和视觉追踪能力。

活动准备

实物：经过光圈处理的手电筒每人一个（遮挡手电筒光源的中心位置，避免宝宝在探索中被强光误伤眼睛）。

活动过程

1. 教师将教室的灯关掉并拉上窗帘。在比较黑暗的教室中，教师打开手电筒，对着墙面缓慢移动，在墙壁上打出光圈。教师晃动手电筒并变换其位置，让光圈在投影墙上呈现出不同的变化，引起宝宝的兴趣。

   师："教室变黑了，宝宝看墙上出现了什么？是一个光圈。咦，怎么不见了？宝宝找找它去哪儿了？你来指一指。"

2. 教师发放给每个家庭一个手电筒，并向家长简单介绍探索活动的重点和目的。

   师："本次探索活动主要是通过用眼睛追踪光圈的位置，观察光圈大小、亮度的变化，调动宝宝参与的兴趣，提升宝宝的观察能力和视觉追踪能力。家长在前期可以晃动手电筒、升高或降低手电筒的位置，引导宝宝去指光圈的位置，拍地面上的光圈。在光圈大小、亮度发生变化时，家长要用简单的语言告诉宝宝，如'变大了''变小了''变亮了'等，让宝宝对所看到的事物和现象知道相应的语言表达。"

3. 家长打开手电筒，将光圈投射到地上，通过移动手电筒位置，让宝宝去追踪和观察光影的变化。
4. 待宝宝有兴趣后，家长将手电筒交给宝宝，让宝宝自由探索。但一定要注意，防止宝宝将手电筒对着自己的眼睛，伤到眼睛。
5. 活动结束，家长协助和引导宝宝将教具送回教师指定的地方。

给家长的指导

本次探索活动主要目的是提升宝宝的观察能力和视觉追踪能力。宝宝认识世界的“窗口”是眼睛、耳朵、手指、鼻子等感觉器官，“窗口”的刺激可以让宝宝学习和处理周围环境，在观察和感触中思考自己与周围世界的关系。日常生活中，家长要多带宝宝去可以产生丰富“刺激”的环境，激发宝宝的好奇心，让宝宝多看、多动、多感受。

给教师的建议

宝宝对光源非常感兴趣。但是光源对宝宝的视力又存在一定的危险，因为宝宝视力没有完全发育好，不能长时间注视高亮度的光源，建议教师在选择手电筒的时候，选择一些不以照明为主的手电筒。教师在活动中一定要提醒家长注意，灯光不要直射宝宝的眼睛。

休息时间：背景音乐《小星星》
幼儿喝水、如厕，教师面向集体分享育儿方法
或与个别家长做沟通反馈。

第二部分

运动时光　快乐障碍爬 1

活动目标

1. 锻炼爬过障碍物的能力。
2. 提升身体协调性。

活动准备

实物：教具“森林派对”两套（可用各种形状的软垫障碍物代替）。

活动过程

1. 教师在场地中随意摆放各种形状的“森林派对”教具。鼓励宝宝尝试翻越每一个障碍物。

   师：“宝宝们快看！教室中有各种各样的小山，我们一起去爬山吧！家长们一定要在宝宝的旁边，跟着他一起爬，并不断用语言激励。”

2. 请家长引导宝宝尝试爬过各种障碍物，教师在场地中巡回指导，并不断用语言鼓励宝宝、提示家长。

   师：“家长可以在宝宝的旁边陪伴他一起爬，也可以到宝宝的面前注视着他的眼睛，鼓励他往前爬。当宝宝每翻过一个障碍时，家长们一定要给宝宝一个及时的鼓励。”

3. 根据宝宝体能状况，适时结束游戏，教师收拾教具，家长和宝宝坐在原地休息。

给家长的指导

本次活动中的教具有长有短，有大有小，因此宝宝在爬过每一个教具时的感受是不一样的，有的简单，有的困难。因此就需要家长在旁边陪伴时注意观察宝宝的情绪，如果看到他有畏难情绪，要及时用语言激励，用动作和目光转移注意力，从而完成每一次挑战。

给教师的建议

散放教具是一种开放式的教育形式，但是对于教师的临场能力有较强的要求。教师要在场地中不停地巡回指导，观察家长和宝宝，发现问题并及时介入指导。

舒缓放松　儿歌按摩

活动准备

1. 实物：玩具娃娃。
2. 推荐音乐：《勃拉姆斯摇篮曲》。

活动过程

1. 播放音乐《勃拉姆斯摇篮曲》。
2. 家长将宝宝放在身前，围坐成半圆。
3. 教师手持玩具娃娃做示范，带领家长为宝宝按摩。
4. 教师一边示范按摩，一边唱出儿歌。可反复进行。

师："秋风吹，树枝摇，小宝宝，要睡觉。"

示范内容

1. 家长双手轻捏宝宝的双手和双臂，顺序为手指、手掌、小臂、大臂。
2. 家长双手轻捏宝宝的双脚和双腿，顺序为脚趾、脚掌、小腿、大腿。
3. 以上动作可反复进行。

第十一周

第十一周课程预览

课程结构	活动流程	活动名称	时 长
第一部分	趣味热身	间奏曲	5 分钟
	亲子游戏	划龙舟	10 分钟
	探索发现	荧光球	5 分钟
	休 息		10 分钟
第二部分	运动时光	快乐障碍爬 2	10 分钟
	舒缓放松	儿歌按摩	5 分钟

第一部分

趣味热身　间奏曲

活动准备

实物：浴巾每个家庭一条、玩具娃娃一个。

活动过程

1. 教师与家长分别坐在浴巾上，围坐成一个圆圈。宝宝坐在家长身前或腿上。

   师："请家长每人取一条浴巾坐下，让宝宝坐在您的身前或腿上，我们帮助宝宝活动活动身体吧！"

2. 播放音乐《间奏曲》，教师跟随音乐节奏示范动作，家长模仿教师动作，帮助宝宝放松身体。

示范内容

1. 家长把宝宝放躺在浴巾上，双手拉着宝宝的双手，做双臂交叉拥抱自己状。
2. 家长拉着宝宝的双手往上举，再放下。
3. 家长握住宝宝的双脚，抬起，让宝宝的双脚够到自己的小鼻子，再放下。
4. 家长拉住宝宝的双手，轻轻往上拉，直到宝宝站立，再轻轻让宝宝坐下。
5. 接上一个动作，宝宝站立后，家长双手扶住宝宝的腋下，做跳跃状。

备注：热身环节是所有活动的第一个环节，一学期要重复安排这一内容，在多次重复中给宝宝建立开始的信号。

亲子游戏　划龙舟

活动目标

1. 初步感知欢快的音乐节奏。
2. 增进与家长之间的亲子情感。

活动准备

1. 实物：乐器铃鼓每人一个。
2. 推荐音乐：《划船》。

活动过程

1. 教师播放音乐《划船》，家长模仿教师动作，让宝宝感受音乐欢快的节奏。第一乐段，家长带着宝宝一起结合音乐双手做左右划桨状；第二乐段，宝宝骑坐在家长膝盖上，家长结合音乐双膝左右摇晃；第三乐段和第四乐段重复第一、第二乐段动作。

   师："划呀划呀划龙舟，龙舟划到了小河边。请宝宝坐在家长怀里，我们跟着好听的音乐一起来玩划龙舟游戏！"

2. 教师播放音乐《划船》，家长模仿教师动作，协助宝宝改变划船方式，请宝宝再次感受音乐。第一乐段，家长带着宝宝一起结合音乐做前后划桨状；第二乐段，家长跟随音乐节奏用手推动宝宝肩膀左右轮流耸动；第三、第四乐段重复第一、第二乐段动作。

   师："划呀划呀划小船，小船划到江里面。这一次我们来感受一下在江里划船。"

3. 教师出示铃鼓，并分发给每个家庭一个铃鼓。跟随音乐节奏，家长协助和引导宝宝拍击铃鼓，让宝宝感受音乐欢快的节奏。

   师："小铃鼓，真调皮，坐上龙舟去哪里？哦，原来小铃鼓也要跟着音乐去划龙舟。"

4. 活动结束，请家长帮助宝宝一起将铃鼓送回教师指定的地方。

给家长的指导

歌曲《划船》旋律优美欢快，曲式简单。在家长的帮助和带动下，我们通过不同的动作，让宝宝直接感受欢快的音乐节奏。让宝宝演奏乐器能够引起宝宝对乐器和音乐更大的兴趣。家长在家也可以为宝宝准备一些适宜的小乐器，这样可以引导他们在听到不同的曲调和音乐时，即兴地参与其中。宝宝在家人陪伴下倾听和参与的音乐越多，他得到的美妙的音乐体验就会越多。

给教师的建议

1．面对面交谈才有益于宝宝语言的发展，教师要提示家长尽可能多地面对自己的宝宝，给他唱歌，即使唱得不好也没有关系，宝宝喜欢听父母的声音。

2．尽量多唱一些曲调悠扬的歌曲，根据诗词谱的曲或者简单的民间小调，给宝宝留下丰富美妙的音乐体验。

3．不要长时间地开着CD机给宝宝当背景音乐，时间长了，宝宝反而容易急躁。

探索发现　荧光球

活动目标

1．体验荧光球的触感，对制造光源好奇。

2．感受玩球的乐趣。

活动准备

实物：荧光球每人一个、手电筒每人一个。

活动过程

1．教师出示荧光球，摸球、滚球，引起宝宝兴趣。

师："我有一个漂亮的小球，摸摸它，滚滚它，真好玩。"

2．教师将荧光球滚向宝宝，家长协助宝宝接球。

师："小球小球圆溜溜，滚来滚去找朋友。"

3．宝宝探索荧光球，家长进行协助和引导。教师在宝宝探索的过程中，重点观察宝宝动作的完成情况及家长与宝宝的互动方式，给予适时的引导。

4. 宝宝自主玩球两三分钟后，教师拿出手电筒并打开，将手电筒的灯口紧贴着荧光球，灯光就变成五颜六色的了。
5. 教师分发给每个家庭一个手电筒，家长协助宝宝进行探索和操作。

   师：“本次探索活动主要是由之前的‘手电筒’延伸而来，主要是让宝宝通过手电筒照射荧光球，体验玩球的乐趣，探索光源的变化，刺激视觉。开始我们让宝宝自己来探索，家长简单引导宝宝将手电筒的光照到球上就可以，然后家长可以协助宝宝拿好球，尝试将光照到墙面或者屋顶。”
6. 活动结束，家长协助宝宝将玩具送回教师指定的地方。

给家长的指导

不同年龄小朋友对不同的球有着不同的兴趣点。7—12个月的宝宝更是喜欢玩球。建议家长在家里给宝宝准备一些材质不同的球，体积不宜过大，有利于宝宝把玩。球在滚动的过程中，可以锻炼宝宝的视觉追踪。

给教师的建议

荧光球由一种类似透明的橡胶制成，有点透明又带有一点点颜色，表面摸着稍微有点软，球里面呈分割状，所以灯光打上去的时候，会折射出很多角度。宝宝的专注时间相对会比较短，教师提醒家长不要去打扰宝宝，让宝宝自由探索。再次提醒家长，手电筒的光不可以直接对着宝宝的眼睛，尽量让家长操作手电筒。

休息时间：背景音乐《小星星》

幼儿喝水、如厕，教师面向集体分享育儿方法

或与个别家长做沟通反馈。

第二部分

运动时光　快乐障碍爬2

活动目标

1. 巩固爬行过障碍物的能力。
2. 提升对身体的控制能力。

活动准备

实物：教具“森林派对”两套（可用各种形状的软垫障碍物代替）、教具“彩虹接龙”一组。

活动过程

1. 教师将“森林派对”中大小不同的组块散放于场地内，鼓励宝宝尝试爬过每一个障碍物。

   师：“宝宝们快看！今天教室里有很多跟上次一样的小山，我们再来爬过它们吧！家长们可以陪着宝宝一起爬，并不断给予语言上的鼓励。”

2. 教师用“森林派对”和“彩虹接龙”组合成两条有不同形状障碍物的路线，请宝宝尝试在每条路线上爬过。

   师：“教师用这些小山组成了两条长长的路，请宝宝们来爬一爬吧！家长们可以在宝宝旁边跟随，并不断用语言鼓励。同时要注意路上的情况，不要造成‘撞车’的情况。”

3. 根据宝宝体能情况，适时结束游戏，教师收拾教具，家长和宝宝坐在原地休息。

给家长的指导

今天的活动对于宝宝的体能挑战较大。爬行是宝宝在这个阶段最重要的能力之一，今天的活动就是帮助宝宝发展面对各种不同情况时的爬行能力。对于宝宝来说，爬过某些障碍物是有一定难度的，因此本次活动中家长不断地用语言鼓励对宝宝是一种重要的激励。

给教师的建议

本次活动的难点在于有效地组织，尤其是摆放两条组合路线之前的组织。既要让家长在第一时间明确教师的意图，又不能让家长和宝宝等待太长时间。这就要求教师有灵活的驾驭课程的能力，在正式摆放组合路线之前就开始有意识地调整场地中教具的位置。当正式组合时，只调整极少的部分即可。

舒缓放松　儿歌按摩

活动准备

1. 实物：玩具娃娃。
2. 推荐音乐：《勃拉姆斯摇篮曲》。

活动过程

1. 播放音乐《勃拉姆斯摇篮曲》。
2. 家长将宝宝放在身前，围坐成半圆。
3. 教师手持玩具娃娃做示范，带领家长为宝宝按摩。
4. 教师一边示范按摩，一边唱出儿歌。可反复进行。

师："秋风吹，树枝摇，小宝宝，要睡觉。"

示范内容

1. 家长双手轻捏宝宝的双手和双臂，顺序为手指、手掌、小臂、大臂。
2. 家长双手轻捏宝宝的双脚和双腿，顺序为脚趾、脚掌、小腿、大腿。
3. 以上动作可反复进行。

12

第十二周

第十二周课程预览

课程结构	活动流程	活动名称	时　长
第一部分	趣味热身	间奏曲	5 分钟
	亲子游戏	小星星	10 分钟
	探索发现	神奇的纸巾盒	5 分钟
	休　　息		10 分钟
第二部分	运动时光	追光行动	10 分钟
	舒缓放松	叠煎饼	5 分钟

第一部分

趣味热身　间奏曲

活动准备

实物：浴巾每个家庭一条、玩具娃娃一个。

活动过程

1. 教师与家长分别坐在浴巾上，围坐成一个圆圈。宝宝坐在家长身前或腿上。

   师："请家长每人取一条浴巾坐下，让宝宝坐在您的身前或腿上，我们帮助宝宝活动活动身体吧！"

2. 播放音乐《间奏曲》，教师跟随音乐节奏示范动作，家长模仿教师动作，帮助宝宝放松身体。

示范内容

1. 家长把宝宝放躺在浴巾上，双手拉着宝宝的双手，做双臂交叉拥抱自己状。
2. 家长拉着宝宝的双手往上举，再放下。
3. 家长握住宝宝的双脚，抬起，让宝宝的双脚够到自己的小鼻子，再放下。
4. 家长拉住宝宝的双手，轻轻往上拉，直到宝宝站立，再轻轻让宝宝坐下。
5. 接上一个动作，宝宝站立后，家长双手扶住宝宝的腋下，做跳跃状。

备注：热身环节是所有活动的第一个环节，一学期要重复安排这一内容，在多次重复中给宝宝建立开始的信号。

亲子游戏 小星星

活动目标

1. 感受音乐的旋律，发展对光的观察与探索。
2. 体验和家长一起参与音乐游戏的乐趣。

活动准备

1. 实物：经过光圈处理的手电筒每人一个（遮挡手电筒光源的中心位置，避免宝宝在探索中被强光误伤眼睛）、荧光球每人一个（可用彩色透明球或彩色玻璃纸代替）。
2. 推荐音乐：《小星星》。

活动过程

1. 教师清唱《小星星》歌曲，出示手电筒，并对着屋顶、墙面或地面多次用手掌遮住和亮出手电筒灯口，模仿星星一闪一闪的样子，然后跟随音乐节奏晃动手电筒，让宝宝和家长观看和欣赏。

   师："一闪一闪亮晶晶，满天都是小星星，好像许多小眼睛，挂在天空放光明。手电筒像小星星一样，也可以一闪一闪眨眼睛。"

2. 教师分发给每个家庭一个手电筒。家长协助和引导宝宝观察手电筒及晃动手电筒时光圈的变化。

   师："宝宝来试试让你的手电筒眨眨眼睛吧！请家长协助和引导宝宝打开手电筒，可以用手遮住和亮出灯口，晃动手电筒，引导宝宝来观察和指一指光圈的位置。"

3. 教师播放音乐《小星星》后，家长跟随音乐节奏和教师的简单提示有节奏地对着墙面、屋顶或地面晃动手电筒，对着地面升降手电筒的位置，让宝宝观察光圈的变化，在视听刺激下感受音乐。

   师："现在我们来跟着《小星星》的歌曲，晃动你的手电筒，一起欣赏闪闪发亮的'星星'吧！播放音乐后，请家长跟随音乐的节奏和我的提示，协助宝宝晃动手电筒，引导宝宝观察光圈的位置和变化。"

4. 教师出示荧光球，并将荧光球放在手电筒灯口位置，对着屋顶左右晃动。家长和宝宝观看和指认屋顶、墙面、地面上手电筒透过荧光球照出的彩色光点。

师："宝宝看，我这里有一个闪闪的球，它可以滚来滚去，真好玩。现在我把它放到手电筒上方，打开手电筒，你来看看会发生什么？哇，屋顶上出现了彩色的光芒，好漂亮！"

5. 教师邀请宝宝上前取一个荧光球。家长协助宝宝使用手电筒和荧光球向屋顶、墙面、地面照射彩色光芒，观察光芒位置和亮度的变化。

师："宝宝们，选一个你喜欢的球，打开手电筒照在球上，然后看看光透过你的球会出现什么颜色？开始我们让宝宝自己来探索，家长简单引导宝宝将手电筒的光照到球上就可以。然后家长可以协助宝宝拿好球，尝试将光芒照到墙面或者屋顶。"

6. 教师播放音乐《小星星》后，家长伴随音乐轻唱儿歌，并协助宝宝使用手电筒和荧光球有节奏地晃动，引导宝宝观察彩色光芒位置和亮度的变化。

师："满屋都是彩色的光芒，真漂亮！家长们一定都会唱《小星星》吧？爸爸妈妈的歌声是宝宝最爱的声音！现在就让我们一起跟着音乐一边唱歌，一边晃动手电筒和荧光球，开一场精彩的灯光秀！"

7. 活动结束，家长引导宝宝将教具放回教师指定的地方。

给家长的指导

《小星星》是一首经典的儿歌，旋律优美、节奏欢快。长期听旋律优美的音乐，能够刺激宝宝大脑和神经。家长学会唱后可以经常唱给宝宝听，让宝宝感受音乐的同时也会刺激其语言的发展。在活动中通过手掌遮住和亮出手电筒灯口，以及探索照射荧光球的形式，让宝宝探索光源的变化。

给教师的建议

《小星星》是非常经典的儿歌，大家基本都会唱，在活动中教师引导家长跟着音乐一起唱。所有跟光源有关的活动中，教师都要提醒家长，注意不要让宝宝眼睛直视光源，手电筒光源的中心位置可以粘贴五角星形状的图片，既能遮挡最强光源，还能在墙壁上投映出星星。

探索发现　神奇的纸巾盒

活动目标

1. 能自己将盒中的纱巾抽拉出来。
2. 感受色彩变化并产生好奇心。

活动准备

实物：纸巾盒每人一个、纱巾每人四条（红、黄、蓝、绿色四条纱巾打结连成一条）。

活动过程

1. 教师出示纸巾盒，然后从纸巾盒的出口处抽出纱巾，双手交替拉动纱巾，直至将所有纱巾拉出盒子，最后打开纸巾盒，将纱巾塞回，关上盒子。

   师："这个纸巾盒真神奇，里面藏的是什么？抽一抽，看一看，漂亮的纱巾出现了。"

2. 教师向家长简单介绍本次探索活动的重点和目的，并分发给每个家庭一个纸巾盒。

   师："今天的探索活动主要是让宝宝练习抽和拉的动作，提升手眼协调能力，激发宝宝的好奇心。宝宝开始探索时，需要家长引导他去探索寻找纸巾盒的出口和盖子，抽完纱巾需要您协助宝宝将纱巾再次放回纸巾盒中，反复进行。在宝宝熟悉后，尽可能让宝宝独立操作探索。"

3. 宝宝开始自主操作和探索，家长协助和引导宝宝探索。教师观察宝宝探索情况及家长与宝宝的互动情况，适时给予指导。
4. 活动结束，家长协助宝宝将玩具送回教师指定的地方。

给家长的指导

今天的探索活动主要是让宝宝练习抽和拉的动作，提升手眼协调能力，激发宝宝的好奇心。宝宝在抽拉纱巾的过程中感受色彩的变化，并且纱巾鲜艳的色彩能刺激宝宝视觉神经。宝宝很喜欢抽、拉的动作，家长可以在家中使用彩带或绳子放入纸巾盒中，绳子末端还可以系上小玩具，让宝宝玩抽拉的游戏，满足宝宝进行向外抽的动作练习，同时也满足了宝宝的好奇心。

给教师的建议

一定要准备足够长度的纱巾，才会达到重复练习抽、拉动作的目标。彩色纱巾可以用其他软质的布替代。

休息时间：背景音乐《小星星》
幼儿喝水、如厕，教师面向集体分享育儿方法
或与个别家长做沟通反馈。

第二部分

运动时光　追光行动

活动目标

1. 锻炼四肢的力量。

2. 愿意与家长一起参与探索活动。

活动准备

实物：步行运动组两套（可用不同形状的软垫代替）、柔和光源手电筒每人一个。

活动过程

1. 教师在场地中用步行运动组组合成两条路线，请家长陪伴宝宝从上面爬过。

师："宝宝们快看！教室中有两座长长的山脉，我们一起爬过去吧！家长们可以在宝宝的旁边陪伴，并不断用语言进行鼓励。"

2. 教师收起步行运动组，发给每位家长一个手电筒并打开，同时将教室中的光线调暗，突出手电筒发出的光源，并引导宝宝观察光源。

师："咦？天怎么黑了？快看，地上亮亮的是什么？家长们不要用手电筒直射宝宝的眼睛，同时要用语言引导宝宝寻找光源。"

3. 教师指导家长将光源照在地上，并请宝宝爬行着追逐光源。

师："家长的光源要停留在宝宝面前的不远处，好像一下子就能摸到，但是又不能让他轻易摸到，光源要不停地移动。如果宝宝真的摸到了光源，家长要及时给予鼓励。"

4. 根据宝宝的体能状况，适时结束游戏，家长将手电筒交还给教师，与宝宝一起坐在地上休息。

给家长的指导

手电筒是家中常见的生活用品，在家中家长也可以跟宝宝玩追逐光源的游戏。但是一定要注意，不能让手电筒的光源直射宝宝的眼睛。同时，宝宝爬行去追逐是很消耗体能的，如果感觉宝宝已经累了，就可以休息了。

给教师的建议

本次活动形式较为新颖，会引起很多家长和宝宝的兴趣。但是光源的安全是非常重要的，一定要选用不伤眼睛的柔和光源，但即使是这样，也要注意提示家长不要用手电筒直接照射宝宝的眼睛。同时，运动量也是要考虑的内容，因为当宝宝爬累了的时候他们就不会继续下面的游戏了。

舒缓放松　叠煎饼

1. 播放轻音乐。
2. 家长平躺在地上，宝宝躺在家长的胸前，家长双手抱住宝宝，跟随音乐轻轻地左右摆动，同时说着儿歌：“煎饼圆，煎饼甜，大大的煎饼叠起来。”当说到“叠起来”的时候，家长用腹部的力量带着宝宝坐起来。此游戏可反复进行。

附儿歌：《叠煎饼》

煎饼圆，煎饼甜，大大的煎饼叠起来。

13

第十三周

第十三周课程预览

课程结构	活动流程	活动名称	时 长
第一部分	趣味热身	间奏曲	5 分钟
	亲子游戏	握紧拳头 1	10 分钟
	探索发现	青蛙球	5 分钟
	休 息		10 分钟
第二部分	运动时光	好玩的大龙球	10 分钟
	舒缓放松	陀螺按摩	5 分钟

第一部分

趣味热身　间奏曲

活动准备

实物：浴巾每个家庭一条、玩具娃娃一个。

活动过程

1. 教师与家长分别坐在浴巾上，围坐成一个圆圈。宝宝坐在家长身前或腿上。

   师：“请家长每人取一条浴巾坐下，让宝宝坐在您的身前或腿上，我们帮助宝宝活动活动身体吧！”

2. 播放音乐《间奏曲》，教师跟随音乐节奏示范动作，家长模仿教师动作，帮助宝宝放松身体。

示范内容

1. 家长把宝宝放躺在浴巾上，双手拉着宝宝的双手，做双臂交叉拥抱自己状。
2. 家长拉着宝宝的双手往上举，再放下。
3. 家长握住宝宝的双脚，抬起，让宝宝的双脚够到自己的小鼻子，再放下。
4. 家长拉住宝宝的双手，轻轻往上拉，直到宝宝站立，再轻轻让宝宝坐下。
5. 接上一个动作，宝宝站立后，家长双手扶住宝宝的腋下，做跳跃状。

备注：热身环节是所有活动的第一个环节，一学期要重复安排这一内容，在多次重复中给宝宝建立开始的信号。

亲子游戏　握紧拳头1

活动目标

1. 尝试有节奏地握紧拳头和打开手掌。
2. 喜欢参与音乐游戏。

活动准备

1. 实物：小型软质扭扭圈每人一个（可用适合抓握的、能发出声音或发生变化的其他玩具代替，或放有铃铛的小瓶子）、彩色纱巾每人一条。
2. 推荐音乐：《握紧拳头》。

活动过程

1. 请宝宝坐在家长怀里，倾听和观看教师一边清唱儿歌，一边夸张地表演儿歌的相应动作，如握紧拳头、张开手掌、指认五官和身体部位等动作。

   师："请家长让宝宝坐在您的怀里，宝宝来听听我唱儿歌，看看我做的动作。家长可以模仿我的动作，也可以指认宝宝的五官和身体部位，这样宝宝不管看向哪里，他都能看到可以模仿的对象。"

2. 播放音乐《握紧拳头》，教师手握一条彩色纱巾表演儿歌，吸引宝宝的兴趣。音乐间奏时，教师随音乐节奏摆动纱巾。

   师："我的小手很能干，可以握紧拳头，可以张开双手，还能跟着好听的音乐和纱巾一起摆一摆，一起找找我的眼睛、我的嘴。家长在此过程中可以鼓励宝宝动动小手，也可以让宝宝握住您的一根手指，您用手指来带动宝宝做动作。"

3. 再次倾听音乐《握紧拳头》，教师结合歌曲夸张地做动作。家长协助宝宝尝试有节奏地握住拳头和打开手掌，指认宝宝自己的五官和身体部位。

   师："这次我邀请宝宝和我一起来动动小手，请你握紧拳头，张开双手，指一指你的耳朵、眼睛、鼻子和嘴巴。家长在此过程中可以适当协助宝宝尝试有节奏地握住拳头和打开手掌，做简单的指认，让宝宝能在您的帮助下、在重复中去学习。”

4. 教师出示小型软质扭扭圈，然后分发给每个家庭一个。家长协助宝宝握住扭扭圈，尝试多次抓握或自由按动扭扭圈，鼓励宝宝用自己的方式去探索扭扭圈的不同玩法。

师：“好玩的扭扭圈又来和我们一起做游戏啦。请家长帮助宝宝再次探索扭扭圈，练习抓握和按动扭扭圈，更重要的是鼓励宝宝自己去尝试扭扭圈的不同玩法，从小培养宝宝的自主性。”

5. 播放音乐《握紧拳头》，家长协助宝宝跟随音乐尝试有节奏地抓握或自由按动扭扭圈。

师：“现在我们一起跟着好听的音乐，让扭扭圈扭起来吧。”

6. 活动结束，请家长协助宝宝将玩具送回教师指定的地方。

给家长的指导

通过让宝宝倾听音乐、做动作、按扭扭圈等多种形式，学习和练习握紧拳头和张开双手的动作，初步认识自己的五官，并感受音乐的节奏。回家之后家长一定要带宝宝多复习这些动作或者做指认五官的游戏，宝宝都会很喜欢。

给教师的建议

《握紧拳头》是一首典型的手指儿歌，教师可以选择的手指儿歌也有很多。在为小宝宝组织亲子活动时，教师需要用丰富的、夸张的肢体动作来表现音乐，才能吸引小宝宝的注意力。

探索发现　青蛙球

活动目标

1. 能将布球从粘布上取下。
2. 促进手部肌肉力量的发展。

活动准备

实物：青蛙捕手玩具每人一套（可用缝有粘扣的布块代替）、配套小球每人两个（可用棉布缝制成的球或其他造型代替）。

活动过程

1. 教师出示青蛙捕手，将青蛙手套戴在手上，另一只手将两个小球逐一粘在青蛙捕手上的粘扣上，然后再逐一将球握住，用力拽下。

   师："小青蛙爱玩耍，蹦蹦跳跳抓小球。我能抓住小球，还能取下它。"

2. 教师向家长简单介绍本次探索活动的重点和目的，分发给每个家庭一套教具。

   师："今天的探索活动主要是让宝宝继续进行拉的动作练习，但相比之前，我们加大了难度，需要宝宝用力拉拽，才能将球取下，所以它也是一个提升力量的练习。家长需要将青蛙手套戴在您的手上，宝宝可以自己将球粘上和取下。"

3. 宝宝开始自由操作和探索教具，家长协助和指导宝宝探索。教师观察宝宝探索情况及家长与宝宝的互动情况，适时给予指导。

4. 活动结束，家长协助宝宝将玩具送回教师指定的地方。

给家长的指导

今天的探索活动主要练习的是宝宝放和拉的动作，同时也是手部肌肉力量的练习，有助于宝宝手眼协调的发展和手部控制力的提升。在家中家长可为宝宝准备较大的有撕拉扣的玩具进行练习。宝宝接受能力很强，所以家长应多观察和了解宝宝，并进行针对性的教育。练习时家长要给予动作的示范，并耐心地反复用语言提示宝宝，后期多给宝宝自主练习的时间。

给教师的建议

重复动作是这个年龄段宝宝的特点。在本次探索活动中，宝宝对拽下球的这个过程非常感兴趣。提醒教师，宝宝拿到这套玩具的时候，如果对青蛙手套或者球感兴趣，我们可以留一两分钟的时间，满足宝宝对玩具的好奇心；当宝宝开始出现游离状态的时候，提醒家长引导宝宝玩拽球游戏。这个玩具需要亲子互相合作完成，家长戴着青蛙手套，宝宝往下拽球，从而降低难度。

休息时间：背景音乐《小星星》
幼儿喝水、如厕，教师面向集体分享育儿方法
或与个别家长做沟通反馈。

第二部分

运动时光　好玩的大龙球

活动目标

敢于尝试新的挑战。

活动准备

实物：大龙球每人一个、玩具娃娃一个。

活动过程

1. 教师在场地中间拍大龙球，吸引宝宝的兴趣。

   师：“宝宝们快来看，这是什么好玩的玩具？”

2. 给被吸引过来的宝宝每人发一个大龙球，请家长带着宝宝在场地中自由探索大龙球的玩法，如拍球、扶球站立、滚球等。

3. 教师引导家长与宝宝一起玩球。

（1）滚球游戏：教师发出口令："向前滚一滚。"家长带宝宝往前推两步球。教师发出口令："向后滚一滚。"家长带宝宝往后推球。此游戏可重复进行。

注意事项：游戏需较大的空间，且无障碍物；宝宝扶球站立，家长站在宝宝后面，保证宝宝不摔倒。

（2）亲密接触：家长双手放在宝宝的腋下，顺着球往前滚的惯性，让宝宝顺着球趴在上面，然后家长双手扶着宝宝腋下，向下挤压大龙球，让宝宝感受皮肤触觉的刺激，并沿前后左右四个方向滚动大龙球，增加宝宝皮肤接触大龙球的面积。

（3）家长双手扶着宝宝的腋下，让宝宝站在大龙球上向下踩球，随着大龙球的反弹力宝宝会上下跳动。

（4）将大龙球还给教师，并请宝宝坐在家长的腿上，教师推着大龙球依次挤压宝宝的腿及身体。在玩的过程中，教师将球放在宝宝的腿上，教师则躲在球的后面，和宝宝做"藏猫猫"的游戏，调动宝宝情绪，让宝宝在愉悦的状态下参与游戏。

4. 活动结束，教师收起大龙球，家长和宝宝坐在原地休息。

给家长的指导

大龙球是经典的感统教具，它对宝宝的皮肤触觉有很好的刺激作用。有的宝宝在刚开始时不接受大龙球，害怕球面上的凸起，家长可慢慢尝试让宝宝通过触摸、推球、拍球等方式熟悉大龙球，并逐渐接受它，最终能顺利地参加挤压感体验的游戏。

给教师的建议

第一次玩大龙球时不要直接让宝宝进行球上游戏，应先设计让宝宝熟悉大龙球的环节，再逐渐向球上游戏过渡，以避免和减少宝宝抵触大龙球的情况，使活动得以顺利进行。

舒缓放松　陀螺按摩

活动准备

1. 实物：玩具娃娃、内有垫布的大陀螺每人一个。

2. 推荐音乐：《勃拉姆斯摇篮曲》。

活动过程

1. 宝宝躺在大陀螺里。

2. 播放音乐《勃拉姆斯摇篮曲》。

3. 教师手持玩具娃娃做示范，带领家长为宝宝按摩。

示范内容

1. 家长双手轻捏宝宝的双手和双臂，顺序为手指、手掌、小臂、大臂。

2. 家长双手轻捏宝宝的双脚和双腿，顺序为脚趾、脚掌、小腿、大腿。

3. 以上动作可反复进行。

14

第十四周

第十四周课程预览

课程结构	活动流程	活动名称	时　长
第一部分	趣味热身	间奏曲	5 分钟
	亲子游戏	握紧拳头 2	10 分钟
	探索发现	抽屉盒	5 分钟
	休　　息		10 分钟
第二部分	运动时光	踢西瓜球	10 分钟
	舒缓放松	叠煎饼	5 分钟

第一部分

趣味热身 间奏曲

活动准备

实物：浴巾每个家庭一条、玩具娃娃一个。

活动过程

1. 教师与家长分别坐在浴巾上，围坐成一个圆圈。宝宝坐在家长身前或腿上。

   师："请家长每人取一条浴巾坐下，让宝宝坐在您的身前或腿上，我们帮助宝宝活动活动身体吧！"

2. 播放音乐《间奏曲》，教师跟随音乐节奏示范动作，家长模仿教师动作，帮助宝宝放松身体。

示范内容

1. 家长把宝宝放躺在浴巾上，双手拉着宝宝的双手，做双臂交叉拥抱自己状。
2. 家长拉着宝宝的双手往上举，再放下。
3. 家长握住宝宝的双脚，抬起，让宝宝的双脚够到自己的小鼻子，再放下。
4. 家长拉住宝宝的双手，轻轻往上拉，直到宝宝站立，再轻轻让宝宝坐下。
5. 接上一个动作，宝宝站立后，家长双手扶住宝宝的腋下，做跳跃状。

备注：热身环节是所有活动的第一个环节，一学期要重复安排这一内容，在多次重复中给宝宝建立开始的信号。

亲子游戏　握紧拳头 2

活动目标

1. 能跟随音乐有意识地抓握扭扭圈、纱巾。
2. 体验抓握不同材质的触觉，感受音乐活动的快乐。

活动准备

1. 实物：小型软质扭扭圈每人一个（可用适合抓握的、能发出声音或发生变化的其他玩具代替）、彩色纱巾每人一条。
2. 推荐音乐：《握紧拳头》。

活动过程

1. 教师分发给每个家庭一个扭扭圈。请宝宝坐在家长的怀里，双手握住扭扭圈，在家长协助下按动扭扭圈，使扭扭圈发生变化。

   师："我们的好朋友扭扭圈又来和小朋友做游戏了，请你用力按动扭扭圈，让它扭一扭。"（复习上节课内容）

2. 播放音乐《握紧拳头》，教师引导家长协助宝宝跟随音乐有节奏地抓握扭扭圈。

   师："扭扭圈要跟着好听的音乐跳舞啦！请家长协助宝宝有节奏地抓握、按动扭扭圈，让宝宝通过动作上按动和视觉上观看扭扭圈的变化来感受音乐的节奏。"

3. 教师出示纱巾，并分发给每个家庭一条纱巾。请家长与宝宝面对面坐好，握住纱巾的两个角，在宝宝面前抖动纱巾，引导宝宝用手抓握纱巾。

   师："今天每一位小朋友都有一条漂亮的纱巾哦，漂亮的纱巾找到你，这边跳跳，那边跳跳，宝宝伸出小手来抓住它。家长可以握住纱巾的两个角在孩子面前抖动，碰碰他的小手，碰碰他的小脚，引导宝宝用手抓握纱巾。"

4. 请家长扶着宝宝站起来，双手握住宝宝的小臂，教师播放音乐《握紧拳头》后，结合歌词及教师的提示做动作。动作如下：

   "握紧拳头"——家长双手握紧宝宝小臂；

"张开双手"——家长拇指和食指不动，其他手指打开；
"两只小手向上举"——家长握住宝宝手臂向上举；
"头儿一个，眼睛两只……"——家长协助宝宝指认五官和身体部位；
间奏时，家长手扶宝宝腋下，举起宝宝转一圈。

师："请所有的家长扶着宝宝站起来，我们跟着好听的音乐来跳舞吧！请家长握紧宝宝的小臂，跟随音乐和我的提示，协助宝宝站立着跳舞。此过程中家长要在确保宝宝安全的前提下，来模仿我做动作。"

5. 活动结束，家长抱起宝宝转个圈，坐下休息。

给家长的指导

本次活动在上周活动基础上进行了延伸，通过多种方式让宝宝加强抓握动作的练习，加深宝宝对音乐《握紧拳头》节奏和旋律的感受。抓握练习的材料有很多，家长可以在生活中就地取材、有意识地让宝宝练习抓握动作。回到家中，可以在音乐伴奏下重复进行这样简单又有趣的亲子互动。

给教师的建议

此时最小的宝宝已经十个多月了，会非常乐意被扶站。可以设计一些让家长拉着宝宝的手或者扶着腋下适当站起来的活动，锻炼宝宝的腿部力量。宝宝站起来跳舞的时候，要与家长面对面，模仿成人跟随音乐晃动做动作，这样宝宝会非常快乐。

探索发现　抽屉盒

活动目标

1. 能够开关抽屉，取出、放入小球。
2. 发展宝宝手眼协调能力和双手配合能力。

活动准备

抽屉盒每人一个（可用纸盒代替）、与盒子配套的小球每人三个（木球、毛线球、塑料球各一个）。

活动过程

1. 教师出示抽屉盒，拉开抽屉，取出小球。

   师："请宝宝们看一下，我这里有一个带抽屉的盒子。拉住、打开，原来抽屉里面藏着一个小球。"

2. 教师示范操作方法，将小球投到盒上方的圆洞中，然后打开抽屉，找到小球；反复示范两至三次后，将球放回盒中。

   师："小小球，真调皮，掉入洞里看不见，拉开抽屉又出现。"

3. 教师分发给每个家庭一个抽屉盒，并向家长简单介绍本次探索活动的重点和目的。

   师："今天的探索活动主要是让宝宝练习开关抽屉，并在反复的练习中去观察和理解'看不见的物体也是存在的'，即物体恒存的概念。家长在引导宝宝的时候，要根据宝宝的兴趣和注意力的集中程度去调整活动，如果宝宝能完全投入操作玩具中，家长就要克制自己，不要打扰宝宝；如果宝宝渐渐没兴趣，您可以作为玩伴参与其中，带动宝宝打开、寻找、投掷等。当然，这些都是建立在您对宝宝操作过程观察的基础上。"

4. 宝宝与家长面对面坐好，开始自由探索和操作，家长进行协助和引导。教师观察宝宝探索情况及家长与宝宝的互动情况，适时给予指导。

5. 活动结束，家长协助宝宝将教具送回教师指定的地方。

给家长的指导

球放进洞里消失了，拉开抽屉球又出现了。宝宝在这个反复的过程中就会慢慢理解"看不见的物体也是存在的"。宝宝们非常喜欢开关抽屉，有一点特别提示，等宝宝再大一些，会有段时间喜欢在家里开抽屉拿东西，家长一定要注意对宝宝进行安全教育，避免发生意外，夹伤手指。

给教师的建议

教师要关注宝宝的探索过程，待宝宝探索一定时间后，提示家长可以每次出示一个不同材质和颜色的球来增加宝宝持续探索的兴趣。此外，也要关注宝宝拉开抽屉的方法和手眼协调的配合情况。如果没有抽屉盒玩具，教师也可以找好看的纸盒加工一下代替。

休息时间：背景音乐《小星星》
幼儿喝水、如厕，教师面向集体分享育儿方法
或与个别家长做沟通反馈。

第二部分

运动时光　踢西瓜球

活动目标

1. 锻炼踢腿的动作。
2. 提升下肢力量。

活动准备

实物：西瓜球和拱形门每人各一个。

活动过程

1. 教师站在场地中间，家长与宝宝站成弧线形面对教师。宝宝在前，家长在后。
2. 教师发给每位家长一个西瓜球，并示范踢球的动作，引导家长在宝宝站立的状态下，双手扶住宝宝腋下，鼓励宝宝用一条腿踢西瓜球。

   师："把腿抬起来，对准小球，用脚踢！"
3. 家长与宝宝在教室中自由找地方练习踢球。
4. 教师发给每位家长一个拱形门，并引导家长带宝宝站在拱形门前，鼓励宝宝用脚将球踢进拱形门中。

   师："把腿抬起来，对准小球，用脚踢！"
5. 家长与宝宝在教室中自由练习踢球。教师巡回指导。
6. 游戏结束，教师收回西瓜球和拱形门，家长和宝宝坐在原地休息。

给家长的指导

10—12个月的宝宝会尝试走路。因此，家长要有意识地通过各种练习增强宝宝的下肢力量，比如，可以通过玩捉迷藏的游戏，练习宝宝站和蹲，提升宝宝下蹲时的平衡感。反复进行蹲与站的练习，宝宝的下肢力量也会得到提升。

给教师的建议

此活动的目标是增加宝宝下肢的力量以及学习踢腿的动作。站立式踢腿动作的学习需要家长的帮助，因此教师要在活动中不断地指导家长手扶宝宝腋下的动作，同时鼓励宝宝用力踢腿。西瓜球和拱形门的出现都是为了增加宝宝的兴趣。

舒缓放松　叠煎饼

1. 播放轻音乐。
2. 家长平躺在地上，宝宝躺在家长的胸前，家长双手抱住宝宝，跟随音乐轻轻地左右摆动，同时说着儿歌：“煎饼圆，煎饼甜，大大的煎饼叠起来。”当说到“叠起来”的时候，家长用腹部的力量带着宝宝坐起来。此游戏可反复进行。

附儿歌：《叠煎饼》

煎饼圆，煎饼甜，大大的煎饼叠起来。

第十五周

第十五周课程预览

课程结构	活动流程	活动名称	时 长
第一部分	趣味热身	间奏曲	5 分钟
	亲子游戏	慢慢走	10 分钟
	探索发现	套环游戏	5 分钟
	休 息		10 分钟
第二部分	运动时光	掷球游戏	10 分钟
	舒缓放松	叠煎饼	5 分钟

第一部分

趣味热身　间奏曲

活动准备

实物：浴巾每个家庭一条、玩具娃娃一个。

活动过程

1. 教师与家长分别坐在浴巾上，围坐成一个圆圈。宝宝坐在家长身前或腿上。

   师："请家长每人取一条浴巾坐下，让宝宝坐在您的身前或腿上，我们帮助宝宝活动活动身体吧！"

2. 播放音乐《间奏曲》，教师跟随音乐节奏示范动作，家长模仿教师动作，帮助宝宝放松身体。

示范内容

1. 家长把宝宝放躺在浴巾上，双手拉着宝宝的双手，做双臂交叉拥抱自己状。
2. 家长拉着宝宝的双手往上举，再放下。
3. 家长握住宝宝的双脚，抬起，让宝宝的双脚够到自己的小鼻子，再放下。
4. 家长拉住宝宝的双手，轻轻往上拉，直到宝宝站立，再轻轻让宝宝坐下。
5. 接上一个动作，宝宝站立后，家长双手扶住宝宝的腋下，做跳跃状。

备注：热身环节是所有活动的第一个环节，一学期要重复安排这一内容，在多次重复中给宝宝建立开始的信号。

亲子游戏　慢慢走

活动目标

1. 初步感受音乐中节奏的快和慢。
2. 喜欢参与音乐游戏，体验亲子游戏的快乐。

活动准备

1. 实物：串铃每人一个、兔子手偶一个。
2. 推荐音乐：《慢慢走》。

活动过程

1. 教师出示串铃，并分发给每个家庭一个串铃。教师和宝宝一起随意地摇动串铃，进行初步探索。

   师："宝宝们，今天老师为你们每个人准备了一个串铃，我们一起拿起来摇一摇吧！"

2. 家长引导宝宝结合教师的语言提示，进行快摇、慢摇和停止，感受快、慢和停止。

   师："宝宝们，请你们拿起串铃和老师一起快快地摇动、慢慢地摇动……现在停止！"

3. 教师播放音乐《慢慢走》，家长引导宝宝结合音乐节奏摇动串铃，感受音乐的快、慢。

   师："宝宝们，接下来我们来听一首好听的音乐，音乐里会出现一只小兔子，你看到小兔子的时候，可以和它快快地挥挥手，也可以慢慢地挥挥手。"

4. 请家长站起来并抱起宝宝，在教师播放音乐《慢慢走》后，结合音乐玩快走、慢走、快跳、慢跳的游戏。

   师："宝宝们，接下来我们跟着小兔子一起走到森林里玩游戏，家长抱起宝宝，我们跟着音乐出发了！"

5. 活动结束，家长引导宝宝把乐器送回教师指定的地方。

给家长的指导

其实8—9个月的宝宝已经可以模仿爸爸妈妈的很多动作，当他们听到音乐的时候也会用挥舞手臂的方式来表现和感受音乐。活动过程中，家长要与宝宝有眼神和言语的交流。例如，结合音乐做动作时，可配合高频词的指令性语言："慢慢走、慢慢走……快快跑、快快跑、快快跑……"在家也可以借助多种肢体动作，如拍手、踏步、走跑等，让宝宝感知快与慢的不同。

给教师的建议

1岁以内的宝宝非常喜欢探寻各种声音，特别是当拿起能够弄出声响的乐器时，他们会花很长的时间来探索，所以教师在设计课程的时候可以多利用一些散响类的乐器，如沙锤、沙蛋、串铃、腕铃等，供宝宝探索。

探索发现　套环游戏

活动目标

1. 能将套环套到木柱上。
2. 提升协调能力。

活动准备

实物：套环玩具每人一套、塑胶环每人五个。

活动过程

1. 邀请助教与教师面对面坐好，并将一只胳膊自然伸直在体前。教师拿好塑胶环，边说儿歌边示范将套圈套在助教的胳膊上，反复示范两至三次。

   师："好朋友，面对面，拿起套环套上边。"

2. 教师分发给每个家庭五个塑胶环。家长与宝宝面对面坐好，宝宝尝试将塑胶环一个一个地套在家长的一只或两只胳膊上。

   师："小小套环，妈妈喜欢。宝宝拿起套环，一个一个套在妈妈的胳膊上面。”

3. 教师出示探索材料套环玩具，并分发给每个家庭一套，然后向家长简单介绍本次探索活动的重点和目的。

   师：“今天的探索活动主要是让宝宝练习套的动作，满足宝宝动作的发展，促进手眼协调能力发展。刚刚使用了大的套环来练习，现在我们提升难度，使用小套环。家长要鼓励宝宝重复练习，待宝宝操作熟练后，还可以将套环放在距木柱一定距离的地方，让宝宝通过爬、够取得套环，然后套到木柱上，增加趣味性。”

4. 宝宝开始自由探索和操作，家长协助和引导宝宝进行探索。教师观察宝宝探索情况及家长与宝宝的互动情况，适时给予指导。

5. 活动结束，家长协助宝宝将玩具送回教师指定的地方。

给家长的指导

结合宝宝手眼协调能力的发展，建议针对11个月左右的宝宝开始尝试练习套环游戏。因为这个月龄的宝宝，从能力发展角度来看，可以将大的套环套在柱子上。让宝宝尝试将大套环套在家长的手臂上，是一种很好的亲子互动游戏。待宝宝会走路了，家长可以通过增加距离的方式继续与宝宝玩难一点的手臂套环游戏。玩法是：家长在A地向宝宝索要套环，宝宝到B地找到套环，返回A地套在家长的手臂上。

给教师的建议

开始的时候，宝宝可能习惯用一只手来完成动作，只有在一只手比较熟练时，他们才会发现两只手能够做得更快更准确，此时他们才会用两只手配合。因此，教师要引导家长在开始的时候，先让宝宝把套环拿下来，再扶着宝宝的手把套环套上去，如果当天不能完成这个动作也是正常的，这些动作需要反复的练习才能完成。要告诉家长，所有的探索活动都可以在家里多次进行。

休息时间：背景音乐《小星星》

幼儿喝水、如厕，教师面向集体分享育儿方法

或与个别家长做沟通反馈。

第二部分

运动时光　掷球游戏

活动目标

1. 锻炼手眼协调的能力。
2. 提升上肢力量。

活动准备

实物：每人一个球筐，并配有四个球（按摩球、沙包球、乒乓球、海洋球各一个），有洞的箱子一个。

活动过程

1. 教师发给每位家长一个球筐，并配有四个小球。教师拿出一个球，示范将球放入球筐。

   师：“宝宝们快看，这里有各种各样的球，我们来练习把球放到筐里面吧！”

2. 教师引导家长每次给宝宝一个球，请宝宝将球放进筐中。

   师：“如果宝宝不知道要把球放入球筐，家长可以用语言提示，也可以用动作进行示范，让宝宝观看并模仿。”

3. 家长与宝宝在教室中自由找地方进行游戏。家长也可以在宝宝熟悉规

则后让宝宝拿到球后走几步再放入球筐中。

4. 教师出示有洞的箱子，请宝宝走过来，并把球放入洞中。此游戏可反复进行。

师："这里有一个有洞的箱子，我们来把球放到洞洞里。"

5. 游戏结束，教师收拾教具，家长与宝宝坐在原地休息。

给家长的指导

本次活动重点练习宝宝的上肢力量和手眼协调的能力。当宝宝能有意识地支配自己手的动作时，他们需要通过锻炼来验证自己的能力。所以，家长们要尽量满足宝宝的需求，在家也可以准备一个小筐，里面放一些小型的玩具、小木块、乒乓球、羽毛球、软的海绵球或者布球等物品，让宝宝放到大纸盒或者塑料筐里。如果宝宝可以扔进去，说明他的上肢力量增加了。

给教师的建议

活动过程中，教师要适时提示家长通过语言鼓励宝宝自己把球拿起来，放进去，通过多次的练习来发展宝宝手臂的动作及上肢的力量。如果宝宝想扔进去，不要制止，满足其扔东西的需求，并给予鼓励。

舒缓放松　叠煎饼

1. 播放轻音乐。
2. 家长平躺在地上，宝宝躺在家长的胸前，家长双手抱住宝宝，跟随音乐轻轻地左右摆动，同时说着儿歌："煎饼圆，煎饼甜，大大的煎饼叠起来。"当说到"叠起来"的时候，家长用腹部的力量带着宝宝坐起来。此游戏可反复进行。

附儿歌：《叠煎饼》

煎饼圆，煎饼甜，大大的煎饼叠起来。

16

第十六周

第十六周课程预览

课程结构	活动流程	活动名称	时　长
第一部分	趣味热身	间奏曲	5 分钟
	亲子游戏	毛毛虫	10 分钟
	探索发现	神秘袋	5 分钟
	休　息		10 分钟
第二部分	运动时光	爱爬的毛毛虫	10 分钟
	舒缓放松	叠煎饼	5 分钟

第一部分

趣味热身　间奏曲

活动准备

实物：浴巾每个家庭一条、玩具娃娃一个。

活动过程

1. 教师与家长分别坐在浴巾上，围坐成一个圆圈。宝宝坐在家长身前或腿上。

   师："请家长每人取一条浴巾坐下，让宝宝坐在您的身前或腿上，我们帮助宝宝活动活动身体吧！"

2. 播放音乐《间奏曲》，教师跟随音乐节奏示范动作，家长模仿教师动作，帮助宝宝放松身体。

示范内容

1. 家长把宝宝放躺在浴巾上，双手拉着宝宝的双手，做双臂交叉拥抱自己状。
2. 家长拉着宝宝的双手往上举，再放下。
3. 家长握住宝宝的双脚，抬起，让宝宝的双脚够到自己的小鼻子，再放下。
4. 家长拉住宝宝的双手，轻轻往上拉，直到宝宝站立，再轻轻让宝宝坐下。
5. 接上一个动作，宝宝站立后，家长双手扶住宝宝的腋下，做跳跃状。

备注：热身环节是所有活动的第一个环节，一学期要重复安排这一内容，在多次重复中给宝宝建立开始的信号。

亲子游戏　毛毛虫

活动目标

1. 初步尝试用简单的肢体动作表现音乐。
2. 喜欢参与互动游戏，体验亲子游戏的快乐。

活动准备

1. 实物：毛毛虫玩偶一个、毛毛虫头饰每人一个（自制）、丝带棒每人两个。
2. 推荐音乐：《毛毛虫》。

活动过程

1. 教师出示毛毛虫玩偶，一边清唱儿歌，一边用手偶表演。
2. 家长盘坐并怀抱宝宝，教师播放音乐《毛毛虫》后，结合音乐旋律，引导宝宝挥手和学蝴蝶飞舞状，让宝宝感受和表现音乐。

   师：“毛毛虫最喜欢我们的宝宝了，接下来请宝宝听着好听的音乐和毛毛虫挥挥手，学着蝴蝶飞一飞。”
3. 教师出示毛毛虫的触角头饰，并分发给每个家庭。家长帮助宝宝戴好触角头饰。请家长盘坐并怀抱宝宝，模仿教师动作，结合毛毛虫爬的情景游戏，坐着移动身体。教师播放音乐《毛毛虫》，家长带宝宝跟随教师，逆时针方向有节奏地坐着移动身体。

   师：“今天的天气真好，毛毛虫要跟着妈妈出门逛一逛，我们跟着好听的音乐，排好队，出发吧。”
4. 教师出示丝带棒，分发给宝宝和家长（宝宝使用短丝带的丝带棒，家长使用长丝带的丝带棒）。教师清唱歌曲，宝宝、家长跟随教师一边清唱一边挥舞丝带棒，探索丝带棒玩法。
5. 家长与宝宝面对面坐好，教师播放音乐《毛毛虫》后，引导宝宝跟随音乐，有节奏地挥舞丝带棒，让宝宝再次感知音乐。

   师：“宝宝们，接下来我们要跟着毛毛虫一起用彩色的丝带跳舞。家长和宝宝面对面坐好，让我们跟着音乐一起挥舞手中的丝带棒吧。”

6. 活动结束，家长协助宝宝将教具送回教师指定的地方。

给家长的指导

首先，家长要关注自己的宝宝是否能够安静地倾听音乐，是否愿意在家长的带动和帮助下参与活动。其次，我们不能低估宝宝欣赏、理解和感知的能力。当我们的宝宝对自己的肢体有支配和控制能力时，他们在听到音乐的时候就会很自然地随着音乐舞动身体，很多宝宝甚至能够跟上不同的音乐节拍或节奏。家长不要过多地干涉和限制宝宝听到音乐后那种自发性的反应。

给教师的建议

宝宝本身就是大自然的小精灵，我们成人可能很久都不曾有兴致驻足倾听风声、雨声、蝈蝈的叫声、波浪声，而这一切对于宝宝来说都是美妙的音乐。我们要多提醒家长有意识地带宝宝去领略和倾听大自然的声音。

探索发现　神秘袋

活动目标

1. 初步认识几种小动物。
2. 乐于观察和探索。

活动准备

实物：神秘袋每人一个（袋内分别装有一个动物模型、一个手偶和一张动物卡片，常见动物即可）。

活动过程

1. 教师出示并打开神秘袋，将袋中的物品逐一取出，整齐摆放在面前，然后分别拿起展示给宝宝，并说出动物名称。

师："我这里有一个神秘袋，里面都有什么呢？我来打开看一看。这是小猫，它喜欢吃鱼，走起路来静悄悄，还会这样叫——'喵喵喵'；

这是……现在我要把这些小动物送回神秘袋。”

2. 教师简单介绍本次探索活动的重点和目的，并分发给每个家庭一个神秘袋。

师：“今天我们的探索活动主要是让宝宝观察和初步认识小动物。家长协助宝宝将小动物从袋中取出和放回，让宝宝观察和触摸，然后通过互动的方式，让宝宝认识和了解神秘袋中的小动物。可以像我一样向宝宝简单介绍小动物，让他获取动物的基本信息。”

3. 宝宝开始自由探索和操作，家长协助和引导宝宝进行探索。教师观察宝宝的探索情况及家长与宝宝的互动情况，适时给予指导。

4. 活动结束，家长协助宝宝将玩具送回教师指定的地方。

给家长的指导

今天的探索活动主要是让宝宝观察和初步认识小动物，用神秘袋的方式，让宝宝进行取出、抓握、触摸、放回，也是动作的练习。认知对宝宝而言，就是他对周围事物的认识和理解，这对宝宝很重要。宝宝对事物的认识先是从有具体形象的东西开始的，所以不论是室内还是室外的物品，只要是宝宝能够接触到的，家长都可以经常对宝宝说出其名称，在反复告诉宝宝的过程中他们会建立记忆，逐渐学会说话。

给教师的建议

1. 在活动中，提醒家长给动物命名的时候，要重复说两三遍，语言要清晰，语速不宜过快。宝宝在探索中会出现拿起某个动物模型开始“研究”的情形，提醒家长不用去阻止宝宝，而是顺着宝宝拿的动物，介绍其名称、怎样叫、怎样走路。

2. 神秘袋里面可以放置任意物品，帮助宝宝认识。

休息时间：背景音乐《小星星》

幼儿喝水、如厕，教师面向集体分享育儿方法

或与个别家长做沟通反馈。

第二部分

运动时光 爱爬的毛毛虫

活动目标

1. 提升四肢的力量。
2. 建立规则意识。

活动准备

实物：毛毛虫头饰每人一个（自制）、彩色液体方砖八块、触觉圆盘大号十个。

活动过程

1. 教师头戴毛毛虫形状的头饰，在地上铺一块液体彩砖，通过在液体彩砖上爬来爬去的方式，吸引宝宝的注意，引起宝宝参与游戏的兴趣。

   师："宝宝们看，毛毛虫出来了，它要和宝宝们一起玩爬的游戏。毛毛虫爬过彩砖的时候，彩砖的颜色会发生神奇的变化。"

2. 教师把宝宝和家长带到利用液体彩砖和触觉圆盘拼摆成的两条爬行路线的起点处。

   师："毛毛虫胆子大，春天来了往外爬。毛毛虫，爬呀爬。"

3. 请家长给宝宝戴好毛毛虫头饰，引导宝宝从起点出发，跟随背景音乐沿着液体彩砖和触觉圆盘拼成的路线往前爬。

师："准备好的毛毛虫，可以出发了。毛毛虫胆子大，春天来了往外爬。"

4. 请家长当毛毛虫妈妈，尝试背上"小毛毛虫"在场地中随意爬，体验亲子共同游戏的乐趣。

给家长的指导

活动过程中，家长可以不断地用语言来鼓励宝宝大胆参与活动，例如，"毛毛虫，爬呀爬；毛毛虫，往前爬；毛毛虫，快快爬"等。这种语言刺激对宝宝是一种很好的鼓励与促进。此活动可以延伸到家庭游戏当中，给宝宝创设一些可以练习爬行的机会，进而提升宝宝的爬行能力和协调性。

给教师的建议

教师在设计课程时，首先要考虑用什么样的方式和材料能够持续吸引宝宝的兴趣。其次是在活动中当教师观察到宝宝不愿意参与活动时，要判断宝宝是因为爬行时间过长而感到疲惫，还是对活动内容本身不感兴趣，然后有针对性地调整策略，激发宝宝在愉悦的情绪中体验亲子游戏的快乐，并完成爬的练习。

舒缓放松　叠煎饼

1. 播放轻音乐。
2. 家长平躺在地上，宝宝躺在家长的胸前，家长双手抱住宝宝，跟随音乐轻轻地左右摆动，同时说着儿歌："煎饼圆，煎饼甜，大大的煎饼叠起来。"当说到"叠起来"的时候，家长用腹部的力量带着宝宝坐起来。此游戏可反复进行。

附儿歌：《叠煎饼》

煎饼圆，煎饼甜，大大的煎饼叠起来。

17

第十七周

第十七周课程预览

课程结构	活动流程	活动名称	时　长
第一部分	趣味热身	间奏曲	5 分钟
	亲子游戏	可爱的小动物	10 分钟
	探索发现	认识我自己	5 分钟
	休　　息		10 分钟
第二部分	运动时光	步行运动组合	10 分钟
	舒缓放松	飞飞机	5 分钟

第一部分

趣味热身　间奏曲

活动准备

实物：浴巾每个家庭一条、玩具娃娃一个。

活动过程

1. 教师与家长分别坐在浴巾上，围坐成一个圆圈。宝宝坐在家长身前或腿上。

   师："请家长每人取一条浴巾坐下，让宝宝坐在您的身前或腿上，我们帮助宝宝活动活动身体吧！"

2. 播放音乐《间奏曲》，教师跟随音乐节奏示范动作，家长模仿教师动作，帮助宝宝放松身体。

示范内容

1. 家长把宝宝放躺在浴巾上，双手拉着宝宝的双手，做双臂交叉拥抱自己状。
2. 家长拉着宝宝的双手往上举，再放下。
3. 家长握住宝宝的双脚，抬起，让宝宝的双脚够到自己的小鼻子，再放下。
4. 家长拉住宝宝的双手，轻轻往上拉，直到宝宝站立，再轻轻让宝宝坐下。
5. 接上一个动作，宝宝站立后，家长双手扶住宝宝的腋下，做跳跃状。

备注：热身环节是所有活动的第一个环节，一学期要重复安排这一内容，在多次重复中给宝宝建立开始的信号。

亲子游戏　可爱的小动物

活动目标

1. 初步学习几种动物的叫声。
2. 喜欢与家长互动玩游戏。

活动准备

1. 实物：与宝宝人数相等的鸡、鸭、狗、猫动物手偶，神秘袋一个（可用布质书包代替）。
2. 推荐音乐：《我爱我的小动物》。

活动过程

1. 教师出示神秘袋，然后将装有动物手偶的神秘袋背在胸前，拍一拍神秘袋。

   师："看看老师的肚子变得好大呀，这里面有什么呢？我们来看一看吧。"
2. 教师从神秘袋中缓缓地拿出小狗手偶，问："这是谁啊？"教师引导家长在宝宝耳边说出答案："狗，小狗。"教师问："小狗怎样叫啊？"教师引导家长在宝宝耳边学小狗汪汪叫。
3. 亲子互动游戏：教师请宝宝到教师处领取一个动物手偶。教师引导家长戴着手偶和宝宝互动，也可以让宝宝戴着手偶。家长利用手偶拟人说话，和宝宝聊天，也可以用手偶抱抱宝宝，学习动物叫。
4. 教师引导家长之间互相交换不同的动物手偶，再次与宝宝进行互动。
5. 家长间交换手偶两至三次后，教师播放音乐《我爱我的小动物》，家长引导宝宝戴好手偶，跟随音乐节奏左右摆动，并尝试跟随音乐模仿动物叫。
6. 活动结束，家长引导宝宝将手偶送回教师指定的地方。

给家长的指导

在生活中宝宝应该对小狗小猫等小动物非常熟悉，有的家庭还会养这些可爱的小动物。今天的活动就是利用宝宝对已有的生活经验进行延伸，在认识狗猫后，加上鸡鸭这两种小动物。毛绒玩具总能让宝宝有亲近感，在活动中通过手偶互动游戏，让宝宝在重复的过程中加深对这四种动物的印象。家长回家后，如果见到小动物，就可以告诉宝宝动物的名字，和宝宝围绕这个小动物进行话题讨论，有利于宝宝语言发展。

给教师的建议

在设计类似课程的时候，要有宝宝熟悉的动物，再加两种新的动物，这样宝宝会感兴趣。建议每次给宝宝出示的动物不宜过多，三四种即可。宝宝对手偶玩具非常感兴趣，教师一定要满足宝宝的探索欲，准备每人一个的量，让他们可以交换与互动。

探索发现　认识我自己

活动目标

1. 初步了解脸部有眼睛、鼻子、嘴巴等器官。
2. 喜欢玩照镜子的游戏。

活动准备

实物：七彩滚动镜每人一个（可以用适合手拿的小镜子替代）。

活动过程

1. 教师出示七彩滚动镜，示范操作玩法：认真观察镜子，然后对着镜子中的自己微笑、挥手、指认五官等。教师向家长简单介绍本次探索活动的重点和目的。

师：“我有一面好玩的镜子，它可以滚动，还能变出一个‘我自己’，我笑他也笑，我哭他也哭。面对镜子，我还能找到我的眼睛、鼻子和嘴巴。本次探索活动主要是引导宝宝对镜子中的镜像产生好奇，初步了解脸部有眼睛、鼻子和嘴巴，提升宝宝的视觉辨别能力。”

2. 教师发放给每个家庭一个七彩滚动镜，让宝宝操作和探索七彩滚动镜的不同玩法。教师观察宝宝探索的方法和程度，以及家长与宝宝的互动情况，并适时给予指导。

师：“现在请宝宝来看看，镜子里有什么？宝宝对着镜子笑一笑，看镜子里的‘你’笑了吗？家长可以先通过调整镜子角度，使宝宝能看到镜中家长做的各种表情，使宝宝对镜子中的镜像产生兴趣，然后引导宝宝对着镜子做各种表情和动作，如指认五官等。”

3. 活动结束，家长协助宝宝将玩具送回教师指定的地方。

给家长的指导

今天的探索活动主要是通过激发宝宝对镜子中的镜像产生好奇，培养宝宝探索身边事物的兴趣，初步了解脸部有眼睛、鼻子、嘴巴，提升其视觉辨别能力。平常在家里，家长也可以带宝宝在镜子前做夸张的表情或动作，指认身体部位，慢慢地宝宝就会知道镜子里的人是自己。

给教师的建议

宝宝在玩这个玩具的过程中会用小手去摸镜面，这就是宝宝好奇的表现，这时教师要停顿一下，给宝宝探索的时间。镜像游戏是宝宝非常喜欢的活动，让宝宝经常照镜子还能够建立最初的身体印象，提高对自我的认识，所以在早教活动的教室环境布置中也要有一面镜子。

休息时间：背景音乐《小星星》

幼儿喝水、如厕，教师面向集体分享育儿方法

或与个别家长做沟通反馈。

第二部分

运动时光　步行运动组合

活动目标

1. 锻炼综合爬行能力。
2. 提升身体协调性。

活动准备

实物：步行运动组一组（可用不同形状的软垫代替）、玩具娃娃一个。

活动过程

1. 教师引导家长带着宝宝，在场地中进行爬的练习，爬的速度根据教师的口令时快时慢。

   师："小宝宝，快快爬，快快爬到我这里。小宝宝，慢慢爬，爬到那里找妈妈。"

2. 教师引导家长带着宝宝爬到教室的一边，让宝宝坐在家长的腿上。教师清唱歌曲《袋鼠妈妈》，家长随音乐节奏摆动身体，让宝宝感受音乐。与此同时，助理教师在场地中摆放教具。
3. 教师用步行运动组摆成一条路线，请宝宝从上面爬过，并请家长在旁边或前方引导。此游戏可反复进行。

   师："宝宝们快看，前面出现了一条长长的道路，我们一起爬过去吧！家长们要在宝宝的旁边或者前方陪伴，当宝宝遇到困难时，一定要第一时间帮助他爬过障碍。"

4. 游戏结束，教师收拾教具，家长与宝宝坐在原地休息。

给家长的指导

今天爬行活动的难点在于步行运动组这套教具有的地方比较高，有的地方比较滑，宝宝第一次遇到这种情况时会不知所措，此时就需要家长们及时帮助。反复玩几次后，宝宝的爬行能力会得到提升。

给教师的建议

此年龄段的宝宝爬行是基本能力，但是一般都是在平面上爬行，很少有爬高的时候。本次课程就是为宝宝创设爬高及复杂地形的机会，让他们感受不同的路面状况。也可通过其他的教具完成教学目标。

舒缓放松　飞飞机

活动过程

1. 播放轻音乐。
2. 家长屈膝坐，让宝宝坐在自己脚上，面向自己。
3. 家长双手扶住宝宝的腋下并引导宝宝将双手侧平举。
4. 家长跟随教师说儿歌："小飞机，飞呀飞，飞得高，飞得低，'嗖'地一下飞到云层里。"
5. 家长结合儿歌有节奏地左右晃动宝宝，当儿歌说到最后一句时，家长同时双手扶住宝宝腋下，双腿屈膝成九十度角支撑在宝宝的腹部并瞬间向后方倒下。此游戏可反复进行。

第十八周课程预览

课程结构	活动流程	活动名称	时长
第一部分	趣味热身	间奏曲	5 分钟
	亲子游戏	小铃铛	10 分钟
	探索发现	敲房子	5 分钟
	休息		10 分钟
第二部分	运动时光	快乐爬爬爬	10 分钟
	舒缓放松	飞飞机	5 分钟

第一部分

趣味热身　间奏曲

活动准备

实物：浴巾每个家庭一条、玩具娃娃一个。

活动过程

1. 教师与家长分别坐在浴巾上，围坐成一个圆圈。宝宝坐在家长身前或腿上。

   师：“请家长每人取一条浴巾坐下，让宝宝坐在您的身前或腿上，我们帮助宝宝活动活动身体吧！”

2. 播放音乐《间奏曲》，教师跟随音乐节奏示范动作，家长模仿教师动作，帮助宝宝放松身体。

示范内容

1. 家长把宝宝放躺在浴巾上，双手拉着宝宝的双手，做双臂交叉拥抱自己状。
2. 家长拉着宝宝的双手往上举，再放下。
3. 家长握住宝宝的双脚，抬起，让宝宝的双脚够到自己的小鼻子，再放下。
4. 家长拉住宝宝的双手，轻轻往上拉，直到宝宝站立，再轻轻让宝宝坐下。
5. 接上一个动作，宝宝站立后，家长双手扶住宝宝的腋下，做跳跃状。

备注：热身环节是所有活动的第一个环节，一学期要重复安排这一内容，在多次重复中给宝宝建立开始的信号。

亲子游戏　小铃铛

活动目标

1. 学习倾听歌曲，初步感知歌曲节拍。
2. 对亲子活动感兴趣，感受游戏的快乐。

活动准备

1. 实物：铃铛每人一个、彩虹伞一个（伞上缝有若干铃铛）。
2. 推荐音乐：《小铃铛》。

活动过程

1. 出示铃铛引发兴趣。教师边清唱歌曲边有节奏地晃动铃铛，吸引宝宝兴趣。
   师："今天老师请来了我的好朋友，它的名字叫铃铛。"
2. 教师给每人发一个铃铛，让宝宝自由探索。
3. 播放音乐《小铃铛》，教师边跟唱边有节奏地摇动手中的铃铛。家长盘腿坐，将宝宝放自己腿上，并跟着音乐有节奏地晃动，让孩子通过身体的颤动感受音乐的节拍。
4. 教师出示缝有铃铛的彩虹伞，家长半蹲在地上抓住彩虹伞的伞边，抖动彩虹伞，让宝宝坐在伞下。
5. 教师播放音乐《小铃铛》，家长有节奏地抖动彩虹伞，教师带领宝宝在伞底下感受铃铛发出的好听声音。

给家长的指导

《小铃铛》是一首节奏欢快、充满童趣的歌曲，歌词简单、朗朗上口，家长学会后，可以经常在家唱给宝宝听。清唱一定要注意音准，经常唱这类的歌曲可以促进宝宝语言的发展。最后一个环节，当我们旋转铃铛伞的时候，宝宝会被吸引，视线会追随彩虹伞上的铃铛、福包等物品移动，从而达到练习视觉追踪的目的。

给教师的建议

这个年龄的宝宝已经到了语言敏感期，要尽量选择歌词简短、曲调欢快的歌曲，刺激宝宝语言的发展。对于小宝宝来说，人声比机器声音更有吸引力，有歌词的音乐需要教师熟练地掌握歌词内容，在和宝宝的互动中，能随时做到清唱。

探索发现　敲房子

活动目标

1. 能用小锤将球敲下来。
2. 发展手眼协调能力。

活动准备

实物：敲房子玩具每人一套（可用其他类似的敲击玩具代替）。

活动过程

1. 教师出示敲房子教具，并拿起小锤，敲击屋顶上的球体，观察小球从圆洞掉落下来。

   师："漂亮的房顶有小球，我用小锤敲一敲。"

2. 教师分发给每个家庭一套敲房子玩具，并向家长简单介绍本次探索活动的重点和目的。

   师："今天的探索活动主要是让宝宝练习敲击，能用小锤将房顶的球敲落下来，目的是锻炼宝宝手腕力量，促进手眼协调的发展。在宝宝探索时，家长们不用在意是否完全敲在球体上，要鼓励宝宝练习敲击的动作，在反复练习中逐渐找准球的位置。所以家长一定要有耐心，不能急于求成。"

3. 宝宝开始自由探索和操作，家长协助和引导宝宝进行探索。教师观察宝宝探索情况及家长与宝宝的互动情况，适时给予指导。
4. 活动结束，家长协助宝宝将玩具送回教师指定的地方。

给家长的指导

敲房子教具主要让宝宝练习敲击的动作，锻炼宝宝的手腕力量，促进手眼协调能力发展。宝宝正处在一个自我意识的萌发期，处处在表现自己的力量，所以我们经常看到宝宝在生活中敲敲打打，这个教具正好满足宝宝的需求。家长在家里可以准备一些能满足宝宝大肌肉动作发展需求的玩具，与宝宝进行互动。

给教师的建议

这个教具教师也可以用生活中的一些物品代替，例如纸箱、铁盒等。在活动中经常能见到家长把着宝宝的手去敲，总想让宝宝精准地敲在目标上。教师发现这种情况时，要及时制止家长并说明原因，即家长的过多干预其实是剥夺了宝宝自己探索发展的机会，并且破坏了宝宝的专注力。

休息时间：背景音乐《小星星》

幼儿喝水、如厕，教师面向集体分享育儿方法

或与个别家长做沟通反馈。

运动时光　快乐爬爬爬

活动目标

1. 巩固综合爬行能力。
2. 体验集体活动的乐趣。

活动准备

实物：步行运动组（可用不同形状的软垫代替），彩色液体方砖八块。

活动过程

1. 教师引导家长带着宝宝，在场地中进行爬行练习，宝宝跟随教师的口令速度时快时慢。

   师："小宝宝，快快爬，快快爬到我这里。小宝宝，慢慢爬，爬到那里找妈妈。"

2. 教师引导家长带着宝宝爬到教室的一边，让宝宝坐在家长的腿上，教师清唱儿歌《合拢张开》，家长随音乐节奏摆动身体，让宝宝感受音乐。与此同时，助理教师在场地中摆放教具。

3. 在场地中布置两条路线：

   路线一：彩色液体方砖摆成直线形一列。

   路线二：步行运动组摆成直线形一列。

4. 教师请宝宝自由选择沿哪条路线爬过，家长要在旁边陪伴或在宝宝前方关注宝宝爬行的过程，如遇到困难及时帮助。两条路线可交换进行。

   师："宝宝们快看，前面出现了两条长长的道路，我们一起爬过去吧！家长们要在宝宝的旁边或者前方陪伴，当宝宝遇到困难时，一定要第一时间帮助他爬过障碍。"

5. 游戏结束，教师收拾教具，家长与宝宝坐在原地休息。

给家长的指导

本次活动增加了宝宝爬行路线的选择，让宝宝初步体验自由选择权，同时因为路线的增加，宝宝的活动量也随之增加。在家中也可以给宝宝创设不同的爬行环境，让他体验不同的爬行感受。

给教师的建议

爬行是一岁以下的宝宝需要具备的非常重要的能力，爬行水平及时间对宝宝的全面发展都有重要意义。因此教师在设计课程时要利用不同的教具，让宝宝体验爬行乐趣，并逐步增加难度，增加可选择的路线，丰富宝宝的体验。

舒缓放松　飞飞机

活动过程

1. 播放轻音乐。
2. 家长屈膝坐，让宝宝坐在自己脚上，面向自己。
3. 家长双手扶住宝宝的腋下并引导宝宝将双手侧平举。
4. 家长跟随教师说儿歌：“小飞机，飞呀飞，飞得高，飞得低，‘嗖’地一下飞到云层里。”
5. 家长结合儿歌有节奏地左右晃动宝宝，当儿歌说到最后一句时，家长同时双手扶住宝宝腋下，双腿屈膝成九十度角支撑在宝宝的腹部并瞬间向后方倒下。此游戏可反复进行。

19

第十九周

第十九周课程预览

课程结构	活动流程	活动名称	时 长
第一部分	趣味热身	间奏曲	5 分钟
	亲子游戏	蹦	10 分钟
	探索发现	钢片琴	5 分钟
	休 息		10 分钟
第二部分	运动时光	综合爬行练习	10 分钟
	舒缓放松	飞飞机	5 分钟

第一部分

趣味热身　间奏曲

活动准备

实物：浴巾每个家庭一条、玩具娃娃一个。

活动过程

1. 教师与家长分别坐在浴巾上，围坐成一个圆圈。宝宝坐在家长身前或腿上。

   师："请家长每人取一条浴巾坐下，让宝宝坐在您的身前或腿上，我们帮助宝宝活动活动身体吧！"

2. 播放音乐《间奏曲》，教师跟随音乐节奏示范动作，家长模仿教师动作，帮助宝宝放松身体。

示范内容

1. 家长把宝宝放躺在浴巾上，双手拉着宝宝的双手，做双臂交叉拥抱自己状。
2. 家长拉着宝宝的双手往上举，再放下。
3. 家长握住宝宝的双脚，抬起，让宝宝的双脚够到自己的小鼻子，再放下。
4. 家长拉住宝宝的双手，轻轻往上拉，直到宝宝站立，再轻轻让宝宝坐下。
5. 接上一个动作，宝宝站立后，家长双手扶住宝宝的腋下，做跳跃状。

备注：热身环节是所有活动的第一个环节，一学期要重复安排这一内容，在多次重复中给宝宝建立开始的信号。

亲子游戏　蹦

活动目标

1. 能够认真倾听图画书讲解，尝试“蹦”的发音。
2. 喜欢亲子共读的活动。

活动准备

实物：图画书《蹦》、动物手偶或毛绒玩具一套（青蛙、猫、狗、蝗虫、兔子、蜗牛、母鸡、小鸡、鱼形状的各一个）。

活动过程

1. 教师出示手偶引发宝宝兴趣，并手戴着青蛙手偶和宝宝打招呼，引起宝宝的注意。

   师：“今天老师请来了我的好朋友，它的名字叫青蛙。‘大家好，我是青蛙。’”

2. 教师出示图画书，一手拿着图画书，一手指着图画，有感情地讲图画书故事。

   师：“今天青蛙给宝宝们带来了一本好看的图画书，我们一起来读一读吧。”

3. 教师按照图画书中各个角色出场的顺序出示手偶，并演示图画书内容。例如，出示青蛙手偶，教师说“青蛙”，然后用手偶做出蹦的姿势，并说“蹦”。
4. 教师分发给每个家庭一个手偶。家长模仿教师的样子，说出图画书中对应的语句，要强调“蹦”这个词。
5. 请家长抱着宝宝，围成圆圈站好。教师站在场地的中间，出示青蛙手偶，并说：“青蛙。”家长抱着宝宝蹦一下，并说出“蹦”的音。教师再出示手偶猫，并说：“猫。”家长抱着宝宝蹦一下，并说“蹦。”以此类推，将图画书中的所有角色都表演一遍。
6. 表演结束后，活动自然结束。

给家长的指导

目前正处于语言敏感期的宝宝，需要我们给予大量的语言刺激。除了和宝宝进行大量语言的交流之外，还要多与宝宝进行早期阅读。研究显示，早期阅读除了能刺激宝宝的语言发育，还可以扩大他们的接受性词汇量。给宝宝准备图书，要从布书开始，因为布书非常适合现在这个年龄的宝宝，撕不坏，脏了还能清洗。

给教师的建议

教师在选择图画书的时候，一定注意不宜选择文字太多的图画书，图案也要简单清晰。在给宝宝集体阅读的时候，要考虑到宝宝的视觉没有发育好，不能坐得太远，所以在阅读前就要调整宝宝位置。

探索发现　钢片琴

活动目标

1. 练习敲击动作，锻炼上肢力量。
2. 在探索中发展专注力。

活动准备

实物：钢片琴和小锤每人一套（可用其他敲击能发声的玩具代替）。

活动过程

1. 教师出示钢片琴，并示范操作方法。

   师："请每个宝宝拿一个小锤，敲击琴键，能发出声音即可。此活动目的是锻炼宝宝的上肢力量，家长们不用在意敲击是否有节奏。"

2. 给每个宝宝一套钢片琴玩具，请宝宝自由探索。
3. 在宝宝探索的过程中，教师重点观察宝宝动作的完成情况及家长与宝宝的互动方式，给予适时引导。如宝宝无法将小锤准确敲击在琴键上，家长可以握着宝宝的手一起敲击几次，再让宝宝独立尝试。提醒家长面对宝宝的需求要做出正面的回应。

给家长的指导

一岁左右的宝宝开始初步有自我意识，特别喜欢探索周围的一切。所以生活中经常能看见小宝宝敲敲打打，甚至破坏家里的一些东西。今天的敲打钢片琴就满足了他们敲的欲望，能够敲到钢片需要宝宝做到手眼协调，这对他们来说是高一点的要求，所以宝宝需要不断练习才能敲得准确。

给教师的建议

1．很多探索活动材料都可以用生活中的物品替换，教师设计活动的时候，可以根据这个年龄段具体的发展目标来进行设计。

2．在探索活动里面，要基于对家长和宝宝互动的仔细观察，给出有价值的指导建议，如不打扰宝宝的专注，当宝宝遇到困难时给予适当支持等。

休息时间：背景音乐《小星星》

幼儿喝水、如厕，教师面向集体分享育儿方法

或与个别家长做沟通反馈。

第二部分

运动时光　综合爬行练习

活动目标

提升综合爬行能力及对身体的控制能力。

活动准备

实物：彩色液体方砖八块、大号触觉圆盘十个、荷叶垫十个。

活动过程

1. 教师引导家长带着宝宝，在场地中进行爬的练习，爬的速度根据教师的口令时快时慢。

   师："小宝宝，快快爬，快快爬到我这里。小宝宝，慢慢爬，爬到那里找妈妈。"

2. 教师引导家长带着宝宝爬到教室的一边，让宝宝坐在家长的腿上。教师清唱歌曲《我爱我的小动物》，家长随音乐节奏摆动身体，让宝宝感受音乐。与此同时，助理教师在场地中摆放教具。

3. 在场地中布置三条路线：

   路线一：彩色液体方砖摆成直线形一列。

   路线二：荷叶垫摆成直线形一列。

   路线三：触觉圆盘摆成直线形一列。

4. 教师请宝宝自由选择沿哪条路线爬过，家长要在旁边陪伴或在宝宝前方关注宝宝爬行的过程，如遇到困难及时帮助。三条路线可交换进行。

师："宝宝们快看，前面出现了三条长长的道路，我们一起爬过去吧！家长们要在宝宝的旁边或者前方陪伴，当宝宝遇到困难时，一定要第一时间帮助他爬过障碍。"

5. 游戏结束，教师收拾教具，家长与宝宝坐在原地休息。

给家长的指导

宝宝在本次活动中有三条路线可以选择，如果出现了选择困难，家长可以在旁边用语言进行引导，如："这条路我们还没走过，一起来试一试吧！""那条路真好玩，我们再爬一遍吧！"帮助宝宝顺利越过障碍，并保证他的活动量。

给教师的建议

针对一岁以下宝宝的爬行训练，提供丰富的材料，让宝宝每次活动都有新奇的体验是非常重要的。因此我们平时要留心观察哪些材料和环境可以给宝宝作为练习之用。长期积累，就会拥有丰富的教学素材。

舒缓放松　飞飞机

活动过程

1. 播放轻音乐。
2. 家长屈膝坐，让宝宝坐在自己脚上，面向自己。
3. 家长双手扶住宝宝的腋下并引导宝宝将双手侧平举。
4. 家长跟随教师说儿歌："小飞机，飞呀飞，飞得高，飞得低，'嗖'地一下飞到云层里。"
5. 家长结合儿歌有节奏地左右晃动宝宝，当儿歌说到最后一句时，家长同时双手扶住宝宝腋下，双腿屈膝成九十度角支撑在宝宝的腹部并瞬间向后方倒下。此游戏可反复进行。

20

第二十周

第二十周课程预览

课程结构	活动流程	活动名称	时长
第一部分	趣味热身	间奏曲	5 分钟
	亲子游戏	三个好朋友	10 分钟
	探索发现	瓶盖游戏	5 分钟
	休息		10 分钟
第二部分	运动时光	大象套圈	10 分钟
	舒缓放松	飞飞机	5 分钟

第一部分

趣味热身　间奏曲

活动准备

实物：浴巾每个家庭一条、玩具娃娃一个。

活动过程

1. 教师与家长分别坐在浴巾上，围坐成一个圆圈。宝宝坐在家长身前或腿上。

   师："请家长每人取一条浴巾坐下，让宝宝坐在您的身前或腿上，我们帮助宝宝活动活动身体吧！"

2. 播放音乐《间奏曲》，教师跟随音乐节奏示范动作，家长模仿教师动作，帮助宝宝放松身体。

示范内容

1. 家长把宝宝放躺在浴巾上，双手拉着宝宝的双手，做双臂交叉拥抱自己状。
2. 家长拉着宝宝的双手往上举，再放下。
3. 家长握住宝宝的双脚，抬起，让宝宝的双脚够到自己的小鼻子，再放下。
4. 家长拉住宝宝的双手，轻轻往上拉，直到宝宝站立，再轻轻让宝宝坐下。
5. 接上一个动作，宝宝站立后，家长双手扶住宝宝的腋下，做跳跃状。

备注：热身环节是所有活动的第一个环节，一学期要重复安排这一内容，在多次重复中给宝宝建立开始的信号。

亲子游戏　三个好朋友

活动目标

1. 认识常见的几种动物，学习它们的叫声。
2. 感受亲子互动游戏的乐趣。

活动准备

1. 实物：动物手偶或相应的毛绒玩具每人一套（猫、马、小鸟、小鸭、小狗、小猪），动物手偶配套的卡片每人一组。
2. 推荐音乐：《三个好朋友》。

活动过程

1. 家长盘坐，抱着宝宝围成一个圆圈。教师播放音乐《三个好朋友》，结合音乐适时出示与音乐中相对应的手偶，引发宝宝倾听儿歌的兴趣。

   师："宝宝们，我们一起来听一听，音乐里都有哪些小动物？"

2. 教师一边朗诵（或清唱）儿歌，一边用手偶表演。家长引导宝宝观看手偶表演，进而理解儿歌，并了解不同动物的叫声。

   师："喵……三只小猫，三只小猫，咪咪咪喵喵喵，跳得高；三只小猪，三只小猪，呼噜噜呼噜噜，睡大觉……"

3. 教师播放音乐《三个好朋友》，并结合音乐用动作演绎儿歌，即模仿动物的基本动作。家长引导和协助宝宝模仿教师简单动作，让宝宝再次感知儿歌的节奏并尝试模仿动物的叫声。

   师："宝宝们，接下来我们一起听一听、学一学音乐里的小动物是怎么叫的。"

4. 教师展示动物卡片，并分发给每个家庭一套动物卡片。家长与宝宝面对面坐好并将卡片有序排列。教师播放音乐《三个好朋友》，结合音乐，家长引导宝宝一边指认与音乐相对应的卡片，一边模仿出卡片上动物的叫声。

   师："宝贝们，教师这里有一些动物卡片，我们一起来听音乐，把你听到的小动物从卡片中找出来，然后学学你找到的动物是怎么叫的。”

5. 活动结束，请家长帮助宝宝一起将动物卡片送回教师指定的地方。

给家长的指导

一岁左右的宝宝对动物是非常感兴趣的，尝试模仿常见动物的叫声也是让他们乐此不疲的游戏之一。当他们对某种动物有了直观的认知和了解后，他们会把一个名称联系到不同的地方，比如猫，他会指着书上的猫，指着墙上画面里的猫，指着家里养的猫。可以在生活中多让宝宝认识各种动物。

给教师的建议

根据12个月宝宝语言能力发展水平的指标来看，即将进入一岁的宝宝，已经能够模仿很多动物的叫声，也可以说出五六个有意义的词汇，能够听懂很多指令并做出回应。那么此课程当中，教师就可以引导家长通过不断地变化游戏的方式并发出指令，让宝宝找到对应的动物，模仿动物的叫声，以此完成亲子互动游戏。

探索发现　瓶盖游戏

活动目标

1. 练习拔瓶盖和盖瓶盖的动作。
2. 增强手臂力量与手眼协调能力。

活动准备

实物：彩色透明塑料化妆瓶每人三个（两个是空瓶、一个装半瓶清水，盖子上蘸有颜料）、A3画纸每人一张（纸上有油画棒画好的树干）。

活动过程

1. 教师出示化妆瓶，帮助宝宝区分瓶盖和瓶身。

师："请宝宝们看一下，我这里有一个瓶子，这是瓶盖，这是瓶身。”

2. 教师示范拔下瓶盖的动作和方法，引导宝宝观察瓶盖是可以拔下来的，并反复示范两至三次。

   师：“这是瓶盖，它就像瓶子的帽子，我们可以给它摘下来、再戴上。小瓶盖，头上戴，轻轻一拔就下来。”

3. 教师示范盖瓶盖的动作及方法。

   师：“小瓶盖，要回家，找到洞洞盖一下。”

4. 教师分发给每个家庭一套探索材料（每人三个瓶子、一张A3画纸），并向家长简单介绍本次探索活动的重点和目的。

   师：“今天的探索活动主要是让宝宝练习拔瓶盖和盖瓶盖，锻炼宝宝手臂的力量，促进手眼协调能力发展。家长要引导宝宝将三个瓶盖拔下来，再盖上去，反复练习。在宝宝操作熟练后，请您找到装有清水的瓶子，轻轻摇晃，并引导宝宝和您一起观察，看会发生什么神奇的事情。”

5. 宝宝和家长面对面，反复探索拔、盖瓶盖。教师观察宝宝探索情况及家长与宝宝的互动情况，适时给予指导。

6. 在所有宝宝的清水瓶变色后，请家长按压喷壶瓶，将彩色的颜料水喷在A3纸上，并盖好瓶盖交给宝宝；请宝宝摇晃瓶子，拔下瓶盖，家长再次按压，将颜料水喷在A3纸上。重复操作，直至完成作品。

7. 活动结束，家长协助宝宝将教具送回教师指定的地方。

给家长的指导

宝宝手眼动作的协调是随着神经的发育而逐渐发展的。在这个过程中，家长的引导和协助非常重要。这个游戏反复练习拔和盖的动作，需要宝宝的手眼协调能力以及双手的配合，能够很好地增强手臂的力量。在家中，我们家长也可以去搜集一些带有盖子的各种大小不一的瓶子，宝宝一定会乐此不疲地练习。

给教师的建议

教师一定要引导家长将关注的重点放在宝宝是否能够拔出瓶盖、宝宝是否会将瓶盖套在瓶身上面、宝宝是否愿意在家长的帮助下完成反复的游戏探索上。

休息时间：背景音乐《小星星》
幼儿喝水、如厕，教师面向集体分享育儿方法
或与个别家长做沟通反馈。

第二部分

运动时光　大象套圈

活动目标

1.提升手膝着地爬的速度。

2.增强四肢的力量。

活动准备

实物：大象套圈每人一套。

活动过程

1.教师面对家长和宝宝，出示大象套圈玩具，吸引宝宝的注意。

师："宝宝们看，大象出来了，它要和宝宝们一起玩套圈游戏，怎样才能把套圈套在大象的长鼻子上呢？"

2. 教师示范：将大象摆在教室的一边，然后走到教室的另一边，拿一个套圈，往大象的方向爬去，爬到大象面前后，将圈套在大象的鼻子上。

师："看看谁的速度最快、小手最有劲！"

3. 请家长引导宝宝从起点出发，进行套圈的游戏。此游戏可反复进行。

4. 请家长拿着圈在宝宝面前引导宝宝追着圆圈爬，并用语言激励宝宝加快爬行速度。

师："小套圈，跑得快！宝宝们，爬一爬，追起来！"

给家长的指导

家长一定要通过自己积极的情绪带动宝宝，这样宝宝才会更加有兴趣地参加活动。在家中还可以用捉迷藏的方式让宝宝练习爬行，让他在各个地方爬着找家长。

给教师的建议

从开始会爬到自主地爬离父母，或沿着目标物完成追逐爬、翻越障碍爬等动作，这些会让宝宝感到自己能够自主地控制自己的身体，也会觉得自己可以影响周边的环境，让他们觉得自己很有力量。因为宝宝运动能力的飞跃，必然会带给他们内心世界不小的震动。但是一旦宝宝会走，他们就不愿再用爬的方式去探索。所以教师更要利用这段时间，设计各种爬的活动，重点练习宝宝的爬行能力。

舒缓放松　飞飞机

活动过程

1. 播放轻音乐。

2. 家长屈膝坐，让宝宝坐在自己脚上，面向自己。

3. 家长双手扶住宝宝的腋下并引导宝宝将双手侧平举。

4. 家长跟随教师说儿歌："小飞机，飞呀飞，飞得高，飞得低，'嗖'地一下飞到云层里。”

5. 家长结合儿歌有节奏地左右晃动宝宝，当儿歌说到最后一句时，家长同时双手扶住宝宝腋下，双腿屈膝成九十度角支撑在宝宝的腹部并瞬间向后方倒下。此游戏可反复进行。